VEGAN RESET

MEINE STORY

Ich bin Caroline und zertifizierte ganzheitliche Ernährungsberaterin. Seit über neun Jahren ernähre ich mich gesund vegan. Als ich mit 17 Jahren mit dem Modeln anfing, begann ich, mich mit gesunder Ernährung auseinanderzusetzen. Ich wollte einfach gut aussehen und dachte, vor allem Obst und Gemüse zu essen, ist mit Sicherheit der richtige Weg. Das denke ich natürlich immer noch, aber mit den Jahren habe ich um einiges mehr dazugelernt und freue mich, das Wissen teilen zu dürfen – um dir dabei zu helfen, dich am besten zu fühlen.

Gleich nach meinem Schulabschluss buchte ich einen Flug nach New York, in der Hoffnung, dort eine Modelagentur zu finden, damit ich Geld verdienen konnte, um auf eigenen Füßen stehen und unabhängig sein zu können. Ich bekam keine finanzielle Unterstützung von meinen Eltern, hatte lediglich Erspartes aus allen möglichen Jobs, denen ich in den Jahren davor in München nachgegangen war: Ich hatte eigenen handgefertigten Schmuck verkauft, in einer Bäckerei gearbeitet, in einem Sushi-Restaurant und vieles mehr. Ich hatte nie das Gefühl, dass meine Eltern mich nicht unterstützten, sondern sah den Umstand eher als eine Chance, frei zu sein. Ich hatte Vertrauen, dass dieser Schritt Richtung New York schon irgendwie klappen würde. Und nach drei Tagen, in denen ich zu jeder, wirklich jeder Agentur gegangen bin, fand ich eine, die mich haben wollte. Es war die letzte, die ich auf meiner Liste stehen hatte. Ich erinnere mich noch an meine Bookerin Melissa, sie war sooo lieb und fürsorglich und gab mir das Gefühl, zu Hause zu sein. Ich sagte ihr, dass ich zuverlässig sei, es liebte, viel zu arbeiten, eine eigene Wohnung gemietet hätte. Wie sich herausstellte, arbeiteten alle in New York extrem hart – da war ich am richtigen Ort! Nach ein paar Wochen hatte ich fast jeden Tag einen Job, sparte, wo ich nur konnte, und war unglaublich stolz, dass ich meinen Traum verwirklichen konnte.

Nach ein paar Jahren als Model in New York begann ich, mich extrem einsam, unglücklich und einfach rundum unzufrieden zu fühlen. Ich befand mich in einem Teufelskreis aus Diäten und Essattacken, gefangen in den unrealistischen Schönheitsstandards der Modelbranche. Der Druck, extrem dünn sein zu müssen, war unerträglich – alles drehte sich nur darum. Mir wurde klar, dass ich nicht glücklich war, dieses Umfeld nicht das Richtige für mich war und sich dieses Gefühl dort auch niemals ändern würde. Das Modelleben, das aus purer Begeisterung heraus begann, wurde zu einem Kampf, weil ich mich in diesem Teufelskreis aus Diäten und Essanfällen verlor.

Eines Tages, an einem schönen, windigen Septembermorgen, als ich über den Union Square Farmers' Market schlenderte, hielt ich an einem meiner Lieblingsstände an, um ein paar Stück Spinat-Quiche zu kaufen, die damals zu meinen „Cheat Foods" gehörte, weil mir der Käse und die Eier darin eigentlich nicht besonders gut bekamen. Nach ein paar Bissen ärgerte ich mich so über mich selbst, dass ich diese Quiches wieder gekauft hatte, dass ich sagte: „Okay, Schluss damit, warum tue ich mir das an? Ich weiß doch, wie ich mich am wohlsten fühle. Ich hatte mich davor wochenlang gesund vegan ernährt, warum mache ich nicht jetzt einfach so weiter?" Ich warf die Quiches weg und neun Jahre später bin ich sooo froh darüber, dass ich damals diesen Entschluss fasste. Da begann die Reise zur mir selbst.

Zum ersten Mal versuchte ich nicht mehr, für das Modeln gut auszusehen, sondern tat es nur für mich selbst. Ich verließ meine Modelagentur, zog nach London, schrieb mich für ein Ernährungsberatungsprogramm ein und ging an die Uni, um meinen Bachelor-Abschluss in International Business zu absolvieren. Ich wollte damit den Weg ebnen, um später im Wellnessbereich arbeiten zu können. Dann nahm der Weg aber seinen eigenen Lauf, wie du weißt! ☺

MEINE ERNÄHRUNGS-PHILOSOPHIE

Meine Ernährungs-Philosophie ist ganz einfach: Je naturbelassener, desto besser! Bei mir dreht sich alles um EINFACHE, ALLTÄGLICHE REZEPTE, die SO LECKER sind, dass du absolut keinen Heißhunger mehr verspürst.

Weniger Fertigprodukte und mehr echte Vollwertkost, keine fussy Zutaten, keine überteuerten Superfoods, keine industriell hergestellten veganen Ersatzprodukte. Ich möchte, dass mein Essen frisch, schnell zubereitet, gesund, lecker und vor allem sättigend ist. Es geht darum, dass das Zubereiten und Essen dir LANGFRISTIG Spaß macht.

Die meisten Befürworter eines gesunden Lebensstils verkaufen Diäten, behaupten, dass Obst zu viel Zucker enthalte, und reden immer nur von Proteinen. Alle, die schon einmal eine Low-Carb-Diät gemacht haben, wissen, wie man sich damit fühlt: Es macht absolut keinen Spaß, man hat Stimmungsschwankungen, keine Energie, denkt nur ans Essen und nimmt am Ende alles (oder mehr) wieder zu, weil der Stoffwechsel so langsam geworden ist. Die Folgen sind Heißhungerattacken, nach denen man sich fühlt als hätte man kein Durchhaltevermögen und denkt, man müsse wieder von vorn anfangen.

Die gute Nachricht ist, dass du a) nicht allein bist und b) ich dir helfen kann! Nimm mich als lebendes Beispiel dafür, dass du wirklich alles essen kannst, was dir wichtig ist, und gleichzeitig in deine Bestform kommen kannst. Es geht darum, WIE du dein Essen zubereitest, um es kalorienärmer zu machen, damit du größere Portionen essen kannst, du zufriedener bist, leicht abnimmst oder dein ideales Körpergewicht hältst. Kaum jemand will das nicht, oder? Kein Kalorienzählen mehr, kein Essen aus Stress oder Kummer, viel Energie, strahlende Haut, eine gute Verdauung und vor allem: eine gesunde Einstellung zum Essen.

Ich bin jetzt 32 Jahre alt, habe gerade mein erstes Baby bekommen und bin in besserer Form, als ich es in meinen Modeljahren war. Ich esse immer, bis ich satt bin, viele frische, reife Früchte, Datteln, trinke grüne Smoothies, esse Gemüse, Kartoffeln und gesunde Fette. Ich fühle mich rundum ausgeglichen und bin nicht mehr vom Essen „besessen". Ich liebe es einfach, meinen Körper UND gleichzeitig meine Seele mit dem hochwertigsten Essen zu versorgen, damit ich auch mein Bestes in allen anderen Bereichen des Alltags geben kann.

Wenn dein Körper dir sagt: „Gib mir Pizza und Süßigkeiten", dann denk daran, je gesünder dein Körper ist, desto gesünder sind auch deine Cravings. Je mehr Gutes du ihm gibst, desto mehr Gutes will er. Dein Körper möchte mehr von dem, was du ihm gibst. Deshalb sind meine 10-Tage-Vegan-Reset-Pläne auf Instagram so beliebt und der beste Einstieg in deinen neuen Lebensstil. Denn zehn Tage reichen aus, um ungesunde Essgewohnheiten in gesunde umzuwandeln. Du wirst dich besser fühlen und weitermachen wollen. Tausende Frauen haben die besten Ergebnisse erzielt, weil es nicht mehr um Verzicht ging, sondern darum, jede Mahlzeit zu genießen. Gleichzeitig sind sie fitter geworden.

DER Schlüssel zum Erfolg ist, einen positiven Mindset zu entwickeln. Das ist es auch, was ich an diesem Lebensstil liiiebe. Man fühlt sich ausgeglichen, kommt in Einklang mit sich selbst und als kleines, nettes Extra wird man auch noch fitter.

KALE

MEINE LEBENS-PHILOSOPHIE

Meine Lebens-Philosophie ist ganz einfach: Tu mehr von dem, was DICH glücklich macht, und sei dir selbst treu. Wenn ich eine Liste der Dinge aufschreibe, die mir Freude bereiten, die die Zeit wie im Fluge vergehen lassen, Dinge, die mein Herz erfüllen – dann möchte ich, dass meine Woche diese widerspiegelt.

Warum machst du nicht gleich jetzt einen kleinen Selbstcheck? Schreibe alle Dinge auf, die dich glücklich machen, und vergleiche sie mit den Dingen, die du in den letzten sieben Tagen gemacht hast. Wenn es keine Übereinstimmung gibt, solltest du vielleicht etwas ändern. ☺

HIER IST MEINE LISTE
MEINE DREI PRIORITÄTEN:

- mein Baby, mein Hubby, Quality Time
- meine Arbeit und alle meine Projekte
- gesundes Essen, Sport und Self-Care

ANDERE DINGE:

- Kuscheln
- Workouts filmen
- Meditation
- frische Luft
- grüne Säfte
- grüner Smoothie
- Datteln
- Rezepte kreieren
- Fotos machen
- Morgenspaziergänge
- kalt duschen
- Massagen
- Gesichtsbehandlungen
- andere motivieren
- Sonne
- Meer
- Reisen
- Podcasts hören
- sich um andere kümmern

Die Liste lässt sich noch viel weiter fortführen, das ist nur ein kleiner Einblick in die Dinge, die ich in meinen Tag einbaue, damit ich mich gut und glücklich fühle. Wie du dich selbst behandelst, setzt den Maßstab, wie andere dich behandeln, deshalb ist es so unglaublich wichtig, seine eigenen Bedürfnisse nicht hintanzustellen. Eine goldene Regel, die ich seit meiner Zeit in New York befolge, ist, jeden Tag mindestens drei Dinge auf meiner Self-Care-Liste abzuhaken.

Abgesehen davon sind mir Schlaf und Ruhe genauso wichtig wie Bewegung und produktive Arbeit. Ich gehe zwischen 21 und 22 Uhr ins Bett (vor allem jetzt, da ich Mami bin) und liebe es, meine kleinen, ruhigen Momente am Tag zu haben, um auch einmal abschalten zu können.

WARUM HEALTHY VEGAN

Mir geht es vor allem darum, GESUND zu essen, und ich verwende den Begriff VEGAN gar nicht oft, da vegan nicht automatisch bedeutet, dass die Ernährung wirklich gesund ist. In meinen Rezepten verwende ich einfache, frische, farbenfrohe Lebensmittel, keine veganen Ersatzprodukte oder industriell verarbeiteten Nahrungsmittel. Das Wichtigste ist für mich, sich nach dem Essen GUT zu fühlen – darin unterscheiden sich meine Rezepte und mein Zugang zu Ernährung von anderen. Lecker und einfach sind viele Rezepte, aber letztlich soll gesund essen glücklich machen. Und das tut es nur, wenn es deinem Körper damit wirklich GUT geht.

BASICS, DIE ICH IMMER ZU HAUSE HABE

Du wirst essen, was du zu Hause hast! Mach deine Küche gründlich sauber, räume sie auf, geh einkaufen und fülle sie mit viel frischem Obst, Gemüse, Nüssen, Samen und anderen gesunden Grundnahrungsmitteln. Hier ist eine Liste von Lebensmitteln, die ich wöchentlich kaufe und immer zu Hause habe:

OBST

(je nach Saison)

20 bis 30 Bananen: Ich lasse sie reifen, bis sie braune Punkte haben, dann nehme ich etwa die Hälfte davon, schäle sie und friere sie für Smoothies ein. Die anderen Bananen esse ich so oder verwende sie für meine leckeren Chia-Puddings, Porridges oder Sweets.

Medjool-Datteln: Mein persönliches Superfood! Ich esse seit neun Jahren jeden Tag etwa 15 Datteln und kann sie nicht genug weiterempfehlen! Ich habe immer zwei bis drei 5-kg-Packungen in meinem Kühlschrank. Datteln sind das perfekte Frühstück, Mittagessen oder unschlagbar als Snack, zudem der beste Zuckerersatz in Rezepten. Ein absolutes Muss, vor allem, wenn man wie ich eine kleine Naschkatze ist!

Melonen, Äpfel, Orangen, Ananas, Kiwis, Birnen, Papaya usw.: Nutze die Gelegenheit und kaufe unterschiedlichste frische Früchte der Saison ein.

Kartoffeln und Süßkartoffeln: Mein zweiter Name könnte auch Kartoffel oder Dattel sein! Ich esse sie jeden Tag, denn Kartoffeln sind erwiesenermaßen eines der sättigendsten Lebensmittel. Wenn man sie ohne Öl und Salz zubereitet, sind sie besonders gesund und das perfekte Fitness-Food.

Smoothie & Salad Greens: Grünkohl, Petersilie, Spinat, Rucola, Eskariol, Romana, Chicorée usw.

Nicht-süßes Obst & Gemüse: Gurken, Tomaten, Sellerie, Zucchini, Brokkoli, Blumenkohl, Paprika, Kürbis, Auberginen, Karotten, Avocados, Zitronen, Limetten u. v. m.

Nüsse, Samen, Nussbutter: Kürbiskerne, Sonnenblumenkerne, Sesamsamen, Leinsamen, Chiasamen, Mandeln, Pekannüsse, Walnüsse, Pistazien, Haselnüsse, Cashews, Paranüsse, Mandelbutter, Haselnussbutter, Cashewbutter, Tahini

Andere Produkte: Nori-Blätter, weißer Reis, brauner Reis, Nudeln aus braunem Reis, Quinoa, Kichererbsen, Linsen, Bohnen, Dosentomaten, Kokosmilch,

Kokosblütenzucker, Kakaonibs, Kakaopulver, Zimt, Vanillepulver, Ahornsirup, Dattelsirup, Yaconsirup, dunkle zuckerfreie Schokolade, Buchweizenmehl, Mandelmilch, Kokosjoghurt

TIPPS FÜR DAS MEAL PREPPING

Gut vorbereitet zu sein, ist die halbe Miete! ☺

Ich bin nicht die allergrößte Freundin von Meal Prepping, aber ein paar kleine Preps hier und da machen schon einen großen Unterschied. Wir alle kennen das Gefühl, nach einem langen Tag nach Hause zu kommen, und allein der Gedanke ans Waschen von Salatblättern klingt nach zu viel Arbeit. Dann isst man doch lieber etwas, was „in unseren Augen“ schneller geht, auch wenn wir danach nicht ganz so happy sind. Wir schieben es auf die Tatsache, dass wir zu müde waren. Ich kann dich zu 100 Prozent verstehen! Aber wenn du ein bisschen vorausplanst, bist du bestens vorbereitet und kannst solche Momente entspannt vermeiden.

Wasche all deine Smoothie- und Salatblätter im Voraus. Nimm dir ein bis zwei Stündchen an einem Tag der Woche dafür Zeit. Das Beste daran ist, dass du die Küche nur einmal putzen musst! Grünzeug waschen mag ich am wenigsten, aber wenn ich es schon vorgewaschen im Kühlschrank habe, dauern der Smoothie und Salat nur ein paar Minuten und alles macht gleich viel mehr Spaß.

Gib die Zutaten für deinen grünen Smoothie am Vorabend in deinen Mixer und bewahre den ganzen Mixer im Kühlschrank auf. So musst du am nächsten Tag nur noch Wasser hinzugeben, und der Mixer ist sofort startklar. Eine kleine, aber wirkungsvolle Veränderung. Mach dasselbe für mein CARO-Salatdressing!

Koche Kartoffeln vor und bewahre sie im Kühlschrank auf. Ich liebe es, Pommes frites im Airfryer zu machen, und wenn man vorgekochte, abgekühlte Kartoffeln verwendet, werden die Pommes noch viel knuspriger. Yummmm. So lecker!

Backe viele Süßkartoffeln auf einmal und bewahre sie im Kühlschrank auf. Ich liebe lila, weiße und orange Süßkartoffeln. Sie schmecken wunderbar pur oder mit Avocados, zu meinem CARO-Salat, in Nori-Wraps, für Veggie-Sushi oder in meinen köstlichen Süßkartoffel-Brownies. Wenn du sie schon ready im Kühlschrank hast, macht das dein Leben sooo viel einfacher!

Koche weißen oder braunen Reis vor. Ich liebe Reis noch mehr, wenn er kühl direkt aus dem Kühlschrank kommt. Das trifft sich auch gut, weil du mit dem fertigen Reis meine Sushi-Rollen oder mein Linsen-Dal direkt zubereiten kannst.

Backe mein gesundes Fitnessbrot und meine Multiseed-Cracker. Sie sind supereinfach zu machen und das Brot lässt sich in Scheiben geschnitten gut einfrieren. So hast du immer ein paar Scheiben parat, wenn du sie brauchst.

ORGANIC FARM IBIZA

HOW TO START

1. Fange damit an, mehr frisches (reifes) Obst und Gemüse zu essen.

2. Zähle keine Kalorien von Obst und Gemüse und iss immer so viel, bis du wirklich satt bist. Das Schöne an diesem Lebensstil ist, dass du leichter in ein Kaloriendefizit kommst, ohne es zu bemerken, weil Obst, Gemüse, Kartoffeln usw. von Natur aus kalorienarm sind.

3. Benutze wenig Salz und Öl in deinem Essen. Ich verwende rosa Himalaya-Salz und koche selten mit Öl, da sich die meisten Öle beim Kochen einerseits in ungesunde Transfette, also ungesättigte Fettsäuren, verwandeln und man andererseits dem Essen eine enorme Menge an Kalorien hinzufügt, die man umgehen kann. Ich esse lieber Avocados, Nüsse, Samen und Oliven. Das sind allesamt großartige gesunde Fettquellen, die zudem reichhaltige Ballaststoffe enthalten. Öl hingegen ist verarbeitet und zu 100 Prozent reines Fett.

4. Räume deine Küche auf und decke dich mit Obst und Gemüse der Saison ein, mit Bananen, Datteln, frischem Gemüse, Kartoffeln, Süßkartoffeln, Avocados, Nüssen, Samen, Nussbutter, Reis, Bohnen, Linsen usw. Das Wichtigste für die Umstellung deiner Gewohnheiten ist, dass du vorbereitet bist und immer gesunde Zutaten zu Hause hat.

5. Folge meinen RESET-Plänen, wenn du noch mehr Guidance brauchst, was du jeden Tag essen solltest. Ich habe diese Routine über Jahre entwickelt und sie ist perfekt für alle, die zusätzlich Motivation brauchen.

6. Denke langfristig und erwarte keine Resultate über Nacht. Obwohl du dich schnell besser fühlen wirst, braucht zum Beispiel das Abnehmen Zeit. Das ist auch gut so, denn du musst einen Lebensstil finden, der dir so gut gefällt, dass du ihn für immer beibehalten willst. Dein Ziel sollte sein, eben nicht mehr die ganze Zeit über dieses Ziel nachdenken zu müssen, sondern einfach schon die „Reise" dahin zu genießen. Die Ergebnisse werden sowieso eintreten. Das Wichtigste ist, dass du mit deiner täglichen Ernährung glücklich und zufrieden bist, damit du deine Energie auf alles andere in deinem Leben konzentrieren kannst. ☺

7. Versuche, aktiv zu bleiben und deinen Körper täglich zu bewegen. Das kann so einfach sein, wie zum Beispiel durch einen morgendlichen Spaziergang oder eines meiner Workouts. Nimm dir die Zeit dafür, denn du brauchst am Tag auch einen Moment für dich. Workouts sollen Spaß machen und stressfrei sein, und genau das zeige ich in meinen Home-Workouts. Du musst kein intensives HIIT-Training machen und schweißgebadet sein, um Ergebnisse zu sehen. Solche Intensitäten können sogar zu einem Cortisolanstieg führen, der wiederum dazu führt, dass man Wasser einlagert, aufgedunsen aussieht, sich gereizt fühlt und andauernd Hunger hat.

8. Trinke jeden Tag mindestens 2 bis 3 Liter gefiltertes Wasser. Ausreichend zu trinken, ist extrem wichtig!

9. Tausche gekaufte Süßigkeiten mit Medjool-Datteln und meinen gesunden Sweets-Rezepten aus. Das macht einen riesigen Unterschied!

10. Setze den Fokus auf all das, wovon du in Zukunft mehr essen wirst, und nicht darauf, was du weglassen willst. Es geht darum, einen positiven Mindset zu haben und MIT dem Körper zu arbeiten. Die meisten Menschen machen den Fehler, nicht genügend frische Früchte, Datteln und Kartoffeln zu essen, was dazu führt, dass sie sich unbefriedigt fühlen und dann doch zu den Lebensmitteln greifen, die sie eigentlich vermeiden wollten.

VERDAUUNGSTIPPS

Ein gesunder Darm und eine gute Verdauung sind das A und O für unser Wohlbefinden, da unser Darm direkt mit dem Gehirn, wo auch unsere Emotionen entstehen, verbunden ist. Die Darmgesundheit ist eines meiner Lieblingsthemen, denn eine gesunde Ernährung wird deine Verdauung erheblich verbessern.

HIER SIND EIN PAAR NÜTZLICHE DINGE, DIE DU TÄGLICH TUN KANNST

1. Starte mit meinem Detox-Wasser in den Tag. Dazu frischen Bio Ingwer reiben, eine Zitrone auspressen und in einen Liter Wasser mischen. Purer Aloe vera Saft passt hier auch super.

2. Befolge die Reihenfolge leicht bis schwer beim Essen: Wasser, grüne Säfte, grüne Smoothies, Obst, Datteln, Salate, Kartoffeln usw.

3. Nimm Mono-Mahlzeiten zu dir. Das bedeutet, dass du nur eine Obstsorte isst und sie nicht mit anderen mischst. Früchte, die sich hervorragend für Mono-Mahlzeiten eignen, sind Melonen, Bananen, Orangen, Medjool-Datteln, Mangos, Papayas und frische Feigen. Iss so viel, wie du möchtest: bis du satt bist.

4. Trink ausreichend Wasser. Das hast du wahrscheinlich schon so oft gehört, aber es ist wirklich wichtig. Ich trinke täglich mindestens 3 Liter frisches, gefiltertes Wasser.

5. Setz dich zum Essen hin und gönn dir Ruhe. Gestresst zu essen, während du von A nach B hetzt, solltest du unbedingt vermeiden. Dein Körper ist dann nicht im Verdauungsmodus und du kaust nicht genug. Nimm dir die Zeit, auch wenn es nur 10 Minuten sind, setz dich hin und GENIESSE dein Essen, sofern es dir irgendwie möglich ist.

6. Atme vor jeder Mahlzeit drei Mal tief durch. Eine simple, aber effektive Angewohnheit.

7. Versuche, langsam zu essen. Die Verdauung beginnt schon im Mund, und je länger du kaust, desto mehr Verdauungsenzyme produziert dein Körper.

8. Achte auf die richtige Kombination von Lebensmitteln, iss zum Beispiel Obst immer auf nüchternen Magen und nicht nach gekochtem Essen. Die am schnellsten verdaulichen Lebensmittel sollten immer zuerst gegessen werden.

NAHRUNGS-ERGÄNZUNGSMITTEL

In einer perfekten Welt würden wir alle lebenswichtigen Vitamine und Mineralstoffe über die Nahrung zu uns nehmen, aber das ist einfach nicht immer möglich. Ich nehme abwechselnd verschiedene Präparate ein, je nach Jahreszeit und wie ich mich fühle. Außerdem lasse ich ab und zu mein Blut untersuchen, damit ich mich auf die Bedürfnisse meines Körpers einstellen kann. Meine fast täglichen Nahrungsergänzungsmittel sind:

- Vitamin B12
- Eisen
- Vitamin D
- Probiotika
- Omega 3

Natürliche Heilpflanzen, die ich gerne nehme: Mariendistel, Kurkuma, Ingwer, Aloe vera

FÜNF WICHTIGE NÄHRSTOFFE FÜR SCHÖNE UND STRAHLENDE HAUT

Als Teenager litt ich stark unter Akne. Erst als ich meine Ernährung zu 100 Prozent auf eine pflanzliche umstellte, wurde meine Haut auf natürliche Weise rein. Meine gereizte, empfindliche Haut mit verstopften Poren hat mein Selbstwertgefühl stark beeinträchtigt, und ich bin sehr dankbar, dass ich durch eine gesunde Ernährung endlich eine strahlende Haut bekommen habe. Für jemanden, der eine nicht so schöne Haut hatte, ist das eine enorme Lebensveränderung. Ich kann dir nur wärmstens empfehlen, diesen Lebensstil auszuprobieren, falls es dir genauso geht.

SILIZIUM

- Tomate
- Salatgurke
- Staudensellerie
- Paprikaschoten
- Brennnesselblätter
- Löwenzahn

SELENIUM

- Alfalfa-Sprossen
- Himbeeren
- Spinat
- Brokkoli
- grüner Spargel
- Champignons
- Paranüsse
- Hafer
- Medjool-Datteln
- Bananen
- Mango
- Kiwi
- Honigmelone
- getrocknete Feigen
- Avocado
- Mangold
- Kürbiskerne
- Sesamkörner
- Zucchini

ZINK

- getrocknete Feigen
- Bananen
- Medjool-Datteln
- Avocado
- Himbeeren
- Cantaloupe
- Spinat
- Mangold
- grüner Spargel
- Brokkoli
- Champignons
- Zucchini
- Kürbiskerne
- Sesamsamen

VITAMIN A, E & C

VITAMIN A

- Karotten
- Grünkohl
- Spinat
- Staudensellerie
- Honigmelone
- Mangos
- Brokkoli
- Pfirsiche
- Kürbis
- grüner Spargel

VITAMIN E

- Avocado
- Brokkoli
- Spinat
- Grünkohl
- Mandeln

VITAMIN C

- Erdbeeren
- Kiwi
- Orangen
- Spinat
- Grünkohl
- Brokkoli
- Paprika
- Staudensellerie

OMEGA 3

- Avocado
- Chiasamen
- Hanfsamen
- Leinsamen
- Kürbiskerne
- Walnüsse
- grünes Blattgemüse
- Beeren

NOTIZ

Einige Lebensmittel tauchen mehrmals auf, wie du vielleicht schon bemerkt hast: Brokkoli, Spinat, Grünkohl, Sellerie und grüner Spargel. Jetzt weißt du, warum grüne Smoothies mit viel Sellerie, Grünkohl, Spinat und gefrorenen Bananen sooo toll für eine strahlende Haut sind!

MEINE LIEBSTEN SUPERFOODS

GRÜNE SMOOTHIES

Grüne Smoothies sind ein echter GAME CHANGER. Wenn ich ein paar Tage lang konsequent grüne Smoothies trinke, sehe ich sofort eine Veränderung an meiner Haut. Meine Verdauung ist besser und ich habe keinen Heißhunger. Sie sind ein Jungbrunnen für deinen Körper. Wenn du nur EINE Sache ändern willst, würde ich sagen: Nimm grüne Smoothies in deine Routine auf. Hier sind noch mehr Gründe, die dafür sprechen:

- Für die meisten Menschen ist es sehr unwahrscheinlich, jeden Tag einen großen Salat zu essen. Mit einem grünen Smoothie nimmst du all die nahrhaften, mineralstoffreichen grünen Blätter zu dir, die deinen Körper von innen heraus stärken, und du musst dir für den Rest des Tages keine Gedanken mehr darüber machen.
- Grünzeug ist manchmal nicht leicht zu verdauen, wenn man es nicht richtig kaut. Durch das Mixen sind die Blätter schon vorverdaut.
- Grüne Smoothies enthalten im Gegensatz zu grünen Säften all die guten Ballaststoffe, die die gesunden Darmbakterien nähren und bei der Ausscheidung von Giftstoffen helfen.
- Grüne Smoothies sind vollgepackt mit Antioxidantien, helfen, Entzündungen im Körper zu reduzieren, und fördern die Eisenaufnahme. Eisen wird am besten in Kombination mit Vitamin C aufgenommen. Beides ist in grünen Smoothies enthalten!
- Sie sind so nährstoffreich, dass dein Körper alles aufnimmt, was er braucht. Das bedeutet wiederum, dass du später weniger Heißhunger hast. Heißhunger ist immer ein Zeichen dafür, dass deinem Körper etwas fehlt. Wenn du Zucker-Cravings hast, iss mehr Obst, mehr Datteln und backe nach meinen gesunden süßen Rezepten. Wenn du Heißhunger auf Pizza hast, iss mehr Avocados und gesunde Fette. Es wird einige Zeit dauern, bis du dich an die gesünderen Optionen gewöhnt hast, aber du wirst schnell merken, wie sich dein Verlangen ändert. Grüne Smoothies sind der beste Weg, da hinzukommen.

Die goldene Regel lautet: 70 Prozent Grünzeug und 30 Prozent Obst. Nicht, weil Obst schlecht ist, sondern weil es hier primär darum geht, mehr grünes Blattgemüse zu essen.

Meine liebsten Grüne-Smoothies-Rezepte findest du auf den Seiten 174 bis 177.

MEDJOOL-DATTELN

Ich habe mittlerweile definitiv mein Körpergewicht x 100 an Datteln gegessen, haha! Im Ernst: Ich esse seit neun Jahren jeden Tag etwa 15 Medjool-Datteln und kann sie allen nur ans Herz legen. Fang mit fünf Datteln pro Tag an und schau, wie du dich fühlst. Dein Heißhunger auf Schokolade und Süßes wird über Nacht verschwinden!! YAY, byeeee cravings!! Und es wird dir automatisch leichterfallen, abzunehmen, falls das dein Ziel ist.

Vor ein paar Jahren besuchte ich eine Dattelfarm in Israel, was eine der besten Erfahrungen in meinem Leben war. Ich kontaktierte die Firma, bei der ich immer meine Dattelkisten kaufte, und fragte, ob ich ihre Farm besuchen könne. Sie waren so freundlich und nett, fuhren zwei Stunden mit mir zur Farm nahe Tel-Aviv und zeigten mir alles. Ich war im absoluten Himmel.

Falls dich die Dattel-Obsession noch nicht gepackt hat, sind hier die wichtigsten Gründe, warum sich eine Veränderung hier lohnt:

SO SATISFYING

Medjool-Datteln sind SO SATISFYING, dass du dich danach völlig gesättigt fühlst und nicht das Bedürfnis nach mehr hast, wie es bei herkömmlichen Süßigkeiten oft der Fall ist. Man isst einen Schokoriegel – und sofort will man den nächsten.

DIE BESTE ALTERNATIVE ZU SÜSSIGKEITEN

Wenn du dir wegen des Zuckers in Datteln Sorgen machst, denk einfach an all die Schokoriegel und anderen Süßigkeiten, die du dir in Zukunft sparst. Der beste Weg, um keinen Heißhunger mehr zu haben, ist, deinem Körper genau das zu geben, was er braucht. Bevor ich vegan wurde, war Süßes meine größte Sucht. Apfeltartes und Schokolade waren meine „Guilty Pleasures", aber ich fühlte mich nieee gut danach und bekam nur noch mehr unreinere Haut. Wann immer eine Apfeltarte auf der Dessertkarte stand, musste ich sie einfach bestellen. Deshalb haben Datteln einen so großen Einfluss auf meine gesundheitliche Entwicklung gehabt, und ich freue mich, wenn auch du diese Erfahrung machst. Medjool-Datteln sind sooo weich und schmecken wie pures Karamell, sie sind das perfekte Süßungsmittel in all meinen gesunden süßen Rezepten. Wenn du Datteln isst, kannst du deinen Industriezuckerkonsum ganz einfach wesentlich reduzieren!

LEICHT ÜBERALLHIN MITZUNEHMEN

Medjool-Datteln sind sooo einfach überallhin mitzunehmen. Ich habe immer eine kleine Tüte mit Datteln dabei oder kaufe welche unterwegs, wenn ich einen anstrengenden Tag mit Terminen, Besorgungen oder Reisen habe. Ich könnte mir kein einfacheres Lebensmittel vorstellen! Sie sind auch perfekt für Kinder, für die Schule, die Uni, die Arbeit. Warum bittest du nicht deine Kolleginnen und Kollegen, gemeinsam eine große Dattelbox zu kaufen und sie im Kühlschrank im Büro aufzubewahren? Meine Mutter macht das, und alle sind viel besser gelaunt, als wenn sie am Nachmittag einen der üblichen verdächtigen Schokoriegel naschen. ☺

ENERGIE-KRAFTPAKET

Medjool-Datteln geben nicht nur viel, sondern auch schnelle Energie und man fühlt sich danach nicht müde, wie es oft nach schweren Mahlzeiten der Fall ist. Sie sind leicht verdaulich, was sie zum perfekten Snack vor und nach dem Sport macht. Der hohe Ballaststoffgehalt reguliert den Blutzuckerspiegel, sodass es nicht zu einem Insulinschub kommt, wie ihn raffinierter Zucker, alle Softdrinks und sogar Fruchtsäfte auslösen. Der in den Datteln enthaltene Zucker geht nach und nach langsam in den Blutkreislauf über, während er verdaut wird, wodurch du länger satt bleibst. Medjool-Datteln enthalten außerdem weder Fett noch Cholesterin und sind reich an Mineralstoffen wie Magnesium, Kalium und Kalzium sowie Vitamin B6.

SIE HELFEN BEIM ABNEHMEN

Die in Datteln enthaltenen Ballaststoffe fördern die Verdauung und halten lange satt. Der natürliche Zucker in Datteln reduziert Sweet Cravings, wodurch du langfristig viele Kalorien einsparst. Die in Datteln enthaltenen Mineralstoffe wie Kalium helfen dem Körper bei der Regulierung des Wasserhaushalts und lassen dich weniger aufgedunsen und dafür straffer aussehen. All diese Vorteile zusammen unterstützen dabei, langfristig ein stabiles, ausgewogenes Gewicht zu halten. Das ist auch der Grund, warum meine gesunden, zuckerfreien, süßen Rezepte ein großer Erfolg sind und dir sogar beim Abnehmen helfen können. Der Zucker wurde durch Datteln ersetzt, diese halten lange satt, machen glücklich, gesund und zufrieden und helfen dir langfristig, die zusätzlichen Kilos loszuwerden.

Bevor ich diesen Lebensstil für mich entdeckte, fühlte ich mich nicht wohl in meiner Haut und suchte verzweifelt nach einer Lösung, die nicht bedeutete, dass ich Kalorien zählen und Miniportionen essen musste. Ich weiß noch, wie glücklich ich über meine erste 5-kg-Dattelbox war. Das Gefühl, immer etwas Gesundes zu Hause zu haben, wenn mich meine Sweet Cravings einmal wieder überkamen, war himmlisch. In den letzten neun Jahren habe ich jeden Tag etwa 15 Datteln gegessen und dadurch nicht nur abgenommen, sondern bin auch viel fitter und straffer geworden.

WAS DEIN KÖRPER BRAUCHT

GESUNDE KOHLENHYDRATE AKA ZUCKER!

Ja, dein Körper braucht Zucker, aber die richtige Art! Natürlicher Zucker, der in Früchten, etwa in Datteln, und Stärke enthalten ist, wird anders von unserem Körper verarbeitet als raffinierter Zucker. Das Ziel besteht nicht darin, auf Zucker zu verzichten, das würde langfristig nämlich nicht funktionieren.
Das Ziel besteht darin, alles, was du brauchst, aus vollwertigen Lebensmitteln wie frischem Obst, etwa Datteln, Kartoffeln und Reis zu bekommen, damit dein Körper kein Verlangen mehr nach raffiniertem Zucker hat.

Verarbeitete Lebensmittel enthalten ALLESAMT raffinierten Zucker, einige sind offensichtliche, andere sind versteckte Zuckerarten wie Sirupe oder Süßstoffe, die man nicht als Zucker erkennen würde. Du wirst dich SO VIEL BESSER fühlen, wenn du anfängst, dein eigenes Essen zuzubereiten, und zum Beispiel meine Rezepte nachkochst. Es ist nicht notwendig, Angst vor Kohlenhydraten zu haben, sofern diese gesund sind, und ich helfe dir dabei, dein zuckerfreies Leben so süß und lecker wie möglich zu gestalten.

Bevor ich vegan wurde, war ich ein Zuckerjunkie und aß eine Zehner-Packung Müsliriegel zum Mittagessen, zwei Schokocroissants jeden Tag auf dem Nachhause-Weg von der Schule oder eine ganze Packung Schokokekse nach dem Abendessen. Meine beste Schulfreundin und ich nannten unsere Nachmittage „Chillen de luxe": Wir kauften tonnenweise Süßigkeiten und aßen diese, während wir Fashion TV schauten. Wir brachten sogar mein Waffeleisen mit ins Bett, damit wir uns den Weg in die Küche sparten, und machten Waffeln zum Abendessen, während wir einen Film schauten. Ich war süchtig nach Zucker und weiß, dass ich nicht die Einzige bin. Zucker ist eine Droge, und die Leute merken das erst, wenn man ihnen den Zucker wegnimmt.

Der Schlüssel zur Überwindung dieser Zuckersucht ist, sich auf die GESUNDEN ZUCKER zu konzentrieren, die der Körper braucht. Iss jeden Tag frisches Obst wie eben Datteln, back alle meine superleichten süßen Rezepte nach und du wirst nicht einmal mehr an verarbeiteten Zucker denken.

Die meisten Menschen sind motiviert, sich gesund zu ernähren, um Gewicht zu verlieren und straffer zu werden. Den größten Vorteil bringt es jedoch, wenn du emotional ausgeglichen bist, eine gesunde Einstellung hast und eine gute Beziehung zum Essen aufbaust. Du tust es für deine Gesundheit und dein eigenes Glück und die körperlichen Ergebnisse werden sowieso kommen!

GENIESSE ALL DIESE KÖSTLICHEN, SÄTTIGENDEN UND GESUNDEN KOHLENHYDRATQUELLEN, UND DEIN LEBEN WIRD SICH VERÄNDERN

- alle frischen Früchte wie Bananen, Feigen, Melonen, Orangen usw.
- Medjool-Datteln, getrocknete Feigen etc.
- Kartoffeln, Süßkartoffeln
- brauner Reis und weißer Reis

KARTOFFELN

Kartoffeln sind eines der am meisten unterschätzten gesunden Lebensmittel. Sie sind kalorienarm, enthalten kein Fett und sind sehr sättigend. Iss zum Beispiel meine leckeren ölfreien Kartoffelecken aus dem Airfryer – sie machen superhappy! Ich habe in den letzten neun Jahren jeden Tag Kartoffeln gegessen, es kommt nur darauf an, wie man sie zubereitet, um sie besonders gesund zu machen. Ich kann es kaum erwarten, dass ihr all meine gesunden Kartoffelrezepte nachkocht, und zu sehen, dass ihr euch wohlerfühlt.

GESUNDE FETTE

Fette machen nicht dick. Der Körper braucht gesunde Fette, vor allem der weibliche Hormonhaushalt, aber auch die Haut und Knochen. Meine andere Sucht, bevor ich vegan wurde, war Käse. Ich habe mich an Brot mit Käse und Honig satt gegessen und einen ganzen Laib mit dicken Scheiben verschiedener Käsesorten vertilgt. Es war am schwierigsten, darauf zu verzichten, da Milchprodukte in so vielen verschiedenen Lebensmitteln versteckt sind: Quiches, Pizza, Pasta, Kuchen, Soßen ...

Als ich mich dazu entschied, mich vollständig vegan zu ernähren, ersetzte ich mein Käsebrot durch Avocado-Toasts und wurde kreativ. Ich probierte weitere Toastrezepte aus, denn auch Brot war eines meiner Gelüste – obwohl das eher daran lag, dass ich nicht genug Kohlenhydrate aus Obst zu mir nahm. Es dauerte eine Weile, bis ich mein Verlangen nach Käse loswurde, und je mehr ich meinen Körper mit gesunden Fetten versorgte, desto weniger Verlangen hatte ich nach fettigen Käsesorten. Man kann mich jetzt in einen Raum voller Käse stellen und ich würde mich überhaupt nicht davon angezogen fühlen, ganz im Gegenteil. Ich hoffe, das zeigt dir, dass es möglich ist, Gewohnheiten umzustellen und Verhalten grundsätzlich zu ändern. ☺

Milchprodukte wie Käse und Milch enthalten enorme Mengen an Cholesterin, Hormonen (weil Kühe ständig trächtig gehalten werden, um Milch zu geben) und können Rückstände von Antibiotika aufweisen, da damit versucht wird zu verhindern, dass die Tiere krank werden.

Wenn du deinem Körper alle essenziellen Fettsäuren, insbesondere Omega-3-Fettsäuren, zuführst, fühlst du dich ausgeglichen und legst den Grundstein für ein Leben ohne Milchprodukte. Vergiss nicht, dass es sich hierbei um einen Lebensstil, also eine nachhaltige und langfristige Verhaltensänderung, handelt und nicht um eine Hals-über-Kopf-Lösung. Meine Rezepte werden genau das für dich tun.

HIERIN SIND GESUNDE FETTE ENTHALTEN:

- Avocado
- Mandeln
- Chiasamen
- Walnüsse
- Kürbiskerne
- Sonnenblumenkerne
- Paranüsse
- Tahini
- Haselnüsse
- Oliven
- Kokosnuss

PFLANZLICHE PROTEINQUELLEN

Die Protein-Frage ha ha – reden wir über Proteine!

Unser Körper braucht neun essenzielle Aminosäuren, die wir als Proteine bezeichnen. Lebensmittel, die alle neun Aminosäuren enthalten, werden als „komplette" Proteinquellen bezeichnet, und dein Körper nimmt das meiste Protein aus diesen Lebensmitteln auf. Du kannst aber auch verschiedene Lebensmittel miteinander kombinieren, um sie zu einer „kompletten Proteinquelle" zu machen, z. B. Reis und Bohnen oder Linsen. Es ist gut zu wissen, welche Proteinquellen einander ergänzen. Aber sei nicht zu streng damit, denn dein Körper wird auch aus nicht-kompletten Quellen jede Menge Protein aufnehmen.

Du wirst überrascht sein, wie schnell sich pflanzliches Eiweiß in den Mahlzeiten summiert, und es ist sehr unwahrscheinlich, dass du einen Mangel an Eiweiß hast. Die meisten Menschen machen sich zu viele Gedanken über Eiweiß und vergessen dabei die Ballaststoffe, die die Grundlage für eine gesunde Darmflora bilden. Eine gesunde Darmflora ist wiederum der Schlüssel für die Aufnahme aller Nährstoffe aus den Lebensmitteln, die du isst. Du kannst dich den ganzen Tag lang gesund ernähren, aber wenn dein Darm nicht intakt ist, wirst du nicht alles aus dem, was du isst, aufnehmen können. Es gibt noch weitere Einflussfaktoren wie Koffein oder Stress. Der Konsum von Kaffee zum Beispiel behindert die Aufnahme von Proteinen und Eisen im Körper.

MEINE BEVORZUGTEN PROTEINQUELLEN SIND:

- Hafer
- Buchweizen (komplettes Protein)
- Linsen

- Chiasamen (komplettes Protein)
- Kürbiskerne
- Hanfsamen (komplettes Protein)
- Mandeln
- Haselnüsse
- Nussbutter
- Tahini

- Avocado
- Grünkohl
- Spinat
- Petersilie

- grüner Spargel
- Brokkoli
- grüne Erbsen
- Kartoffeln
- Champignons
- Kichererbsen
- Quinoa (komplettes Protein)
- brauner Reis

RE ZEP TE

SWEETS

HASELNUSS CRUNCH BALLS

1. Hacke geröstete Haselnüsse oder zerkleinere sie kurz in einem Food Processor und stelle sie beiseite.
2. Gib die entsteinten Datteln und die Haselnussbutter in deinen Food Processor und verwende die Pulsier-Funktion, bis du eine klebrige Teigkugel erhältst.
3. Gib die Masse in eine Schüssel und füge die gehackten, gerösteten Haselnüsse hinzu. Forme Kugeln und tauche sie nach Belieben in weitere geröstete Haselnussstückchen, damit sie noch knuspriger werden. Bewahre sie dann im Kühlschrank auf, damit sie fest werden, oder genieße sie sofort! Sie sind wirklich köstlich! Ich verspreche dir, dass sie nicht lange halten werden, haha ☺ Die Bällchen sind ein gesunder Snack, der dich eine Weile satt hält. Sie sind auch ein super Mittagessen zusammen mit einem grünen Smoothie.

Raw

Quick

Hormone health

65 g geröstete Haselnüsse
9 kleine Datteln
1 Esslöffel Haselnussbutter
(oder braune Mandelbutter)

KAKAO ENERGY BALLS

Raw

Quick

Caffeine

60 g Pekannüsse
7 große Medjool-Datteln
2 Esslöffel Kakaopulver
2 Esslöffel Kakaonibs

1. Gib die Pekannüsse in einen Food Processor und mahle sie schnell, bis sie in kleine Stücke zerfallen. Stelle sie beiseite. Alternativ kannst du die Pekannüsse auch einfach kurz klein hacken.
2. Gib die entsteinten Medjool-Datteln und das Kakaopulver in deinen Food Processor und mixe alles, bis du eine klebrige Kugel erhältst.
3. Gib die Medjool-Dattel-Kakao-Paste zusammen mit den Pekannüssen und Kakaonibs in eine Schüssel, vermische alles gut und forme kleine Kugeln. Bestreue sie mit etwas Kakaopulver und genieße sie sofort oder bewahre deine köstlichen Energy Balls bis zu sieben Tage im Kühlschrank auf. Ich liebe es, am Sonntag eine doppelte oder dreifache Portion zu machen, dann habe ich unter der Woche immer einen gesunden Snack zur Hand.

ERDNUSS HAFER ENERGY BALLS

Raw

Quick

Hormone health

9 kleine Medjool-Datteln
1 gehäufter Esslöffel Erdnussbutter
40 g Haferflocken
60 g geröstete Erdnüsse
45 g Kakaonibs
1 Esslöffel Wasser oder optional Ahornsirup

1. Gib die entsteinten Medjool-Datteln und die Erdnussbutter in einen Food Processor und mixe alles, bis du eine klebrige Paste erhältst.
2. Gib die Paste in eine Schüssel mit Haferflocken, gerösteten Erdnüssen, Kakaonibs und Wasser und mische alles gut.
3. Forme neun Kugeln und genieße sie sofort oder bewahre sie bis zu sieben Tage im Kühlschrank auf. Der perfekte Snack vor und nach dem Sport!

HAFER RIEGEL

30 min

Low fat

Hormone health

Basis
90 g Hafermehl (90 g Haferflocken mahlen)
3 Esslöffel Dattelsirup

40 g zerkleinerte Mandeln
50 g Rosinen
3 zerkleinerte Medjool-Datteln
3 getrocknete, zerkleinerte Feigen
3 getrocknete, zerkleinerte Aprikosen

Karamellsoße
5 Medjool-Datteln
120 ml Wasser
½ Teelöffel Vanillepulver

1. Weiche die Rosinen, die Medjool-Datteln, die getrockneten Feigen und die getrockneten Aprikosen 5 bis 10 Minuten lang in heißem Wasser ein.
2. Heize den Backofen auf 180 Grad Celsius vor.
3. Wenn du kein Hafermehl hast, mahle die Haferflocken zu Mehl.
4. Vermische das Hafermehl und den Dattelsirup gut.
5. Gib die eingeweichten Trockenfrüchte (ohne das Einweichwasser) hinzu und mische sie gut.
6. Für die Karamellsoße pürierst du die Datteln, das Wasser und das Vanillepulver in einem Mixer, bis sich eine smoothe Masse ergibt.
7. Vermische das Karamell mit dem Rest und gib die Haferriegelmasse in eine Silikonriegelform oder in eine mit Backpapier ausgelegte Backform.
8. Backe die Riegel 15 Minuten lang und lass sie danach vollständig auskühlen. Ich liebe diese Haferriegel, sie sind sehr leicht verdaulich, daher ein perfekter Snack vor und nach dem Sport oder ein leckeres Mittagessen für unterwegs.

POWER RIEGEL

10 min

Raw

Hormone health

10 Medjool-Datteln
1 Teelöffel Vanillepulver
250 ml Wasser

1 bis 2 Teelöffel Zimt
220 g gepuffter Quinoa
30 g Kürbiskerne
30 g Hanfsamen
70 g geröstete und gehackte Cashewnüsse
30 g geröstete und gehackte Mandeln
30 g geröstete und gehackte Haselnüsse
3 Esslöffel Rosinen

1. Gib die Medjool-Datteln, das Vanillepulver und das Wasser in einen Mixer und mixe, bis cremiges Karamell entsteht.
2. Vermische alle anderen Zutaten in einer separaten Schüssel und rühre die Dattel-Karamell-Soße unter.
3. Lege eine Backform mit Backpapier aus und drücke die Mischung flach.
4. Stelle die Form über Nacht in den Kühlschrank.
5. Schneide die Masse dann in 3 bis 4 cm breite Stücke – und deine Powerriegel sind fertig!

GESUNDE MÜSLIRIEGEL

30 min

Hormone health

1 Esslöffel gemahlene Leinsamen
3 Esslöffel Wasser
120 g Haferflocken
25 g Hafermehl
140 g Nüsse und Samen deiner Wahl:
Ich habe Mandeln, Cashews, Pekannüsse
und Kürbiskerne verwendet. ☺
100 g Trockenfrüchte deiner Wahl:
Ich habe Rosinen, Datteln und Aprikosen
verwendet. ☺

1 Teelöffel Zimt
1 Teelöffel Vanillepulver
80 ml Ahornsirup (oder Dattelsirup)
60 g Cashewbutter (oder Mandelbutter)

1. Heize den Ofen auf 175 Grad Celsius vor.
2. Vermische die gemahlenen Leinsamen mit Wasser und stelle sie in einer kleinen Schüssel beiseite.
3. Hacke deine Nüsse, Samen und Trockenfrüchte klein und gib sie zusammen mit den Haferflocken, dem Hafermehl, der Leinsamenmischung, Zimt, Vanille, Ahornsirup und Nussbutter in eine Schüssel. Mische alles gut durch und gib die Mischung in eine mit Backpapier ausgelegte Backform.
4. Backe sie 25 Minuten lang und lass sie dann vollständig abkühlen, bevor du sie in Riegel schneidest. So ein leckerer, gesunder Snack! Ich liebe es, wie knusprig sie sind. Bye-byeee zu zuckerhaltigen gekauften Müsliriegeln – mit diesen Riegeln sparst du nicht nur Geld, sondern fühlst dich zusätzlich noch richtig gut!

DIE BESTEN ERDNUSS KARAMELL RIEGEL

20 min

Raw

Caffeine

Boden
40 g Haferflocken
65 g Cashews
2 Esslöffel Karamellsoße
(aus der Karamellschicht, siehe unten)
2 Esslöffel crunchy Erdnussbutter (Karamellschicht)

Karamellschicht
12 bis 14 große, entkernte Medjool-Datteln
2 Esslöffel smoothe Erdnussbutter
1 Teelöffel Vanillepulver
250 ml Wasser
80 g geröstete Erdnüsse

Toppings
1 Tafel vegane Schokolade
80 g geröstete, klein gehackte Erdnüsse

1. Beginne mit der Herstellung deiner leckeren Karamellsoße. Gib hierfür die entsteinten Datteln, etwas mehr als 250 ml Wasser und Vanillepulver in einen Mixer und püriere alles, bis die Mischung cremig ist. Gib die Karamellsoße in eine Schüssel und stelle sie erst einmal beiseite.
2. Gib dann die Haferflocken und Cashewnüsse in deinen Mixer und pulsiere ein paar Sekunden lang auf hoher Stufe, bis du Mehl erhältst. Gib das Mehl zusammen mit 2 Esslöffeln der Karamellsoße und 2 Esslöffeln crunchy Erdnussbutter in eine Schüssel und vermenge alles gut miteinander. Gib den Teig in eine mit Backpapier ausgelegte Backform oder verwende eine Silikonform und forme mit leicht angefeuchteten Händen einen 1 bis 2 cm dicken Boden.
3. Für die Karamellschicht gibst du 2 Esslöffel smoothe Erdnussbutter zur restlichen Karamellsoße und verrührst sie gut. Gib dann eine dicke Schicht Erdnusskaramell auf deine Erdnuss Karamell Riegel, streue geröstete Erdnüsse darüber und stelle sie für mindestens eine Stunde ins Gefrierfach, bevor du die Schoki darübergibst.
4. Hacke 2 bis 3 Esslöffel geröstete Erdnüsse und halte sie bereit. Schmilz die vegane Schoki über einem Wasserbad und gieße sie über die gefrorenen Erdnuss Karamell Riegel. Streue die gerösteten Erdnüsse schnell darüber, bevor die Schokolade fest wird. Ich verwende zuckerfreie Schokolade aus 100 Prozent reinem Kakao, da sie sich sehr gut zum Schmelzen eignet! OMG, himmlisch lecker! Genieße die köstlichen Erdnuss Karamell Riegel, sie sind mein absolutes Lieblingsessen. Du kannst sie problemlos ein paar Wochen im Gefrierfach aufbewahren. ☺ Nimm sie einfach etwa 10 Minuten, bevor du sie essen möchtest, heraus, damit das Karamell ein bisschen Zeit hat, weich und cremig zu werden. Mir läuft schon das Wasser im Mund zusammen, während ich das hier schreibe!

BUENO BARS

20 min

Raw

Caffeine

Boden
40 g Haferflocken
65 g Cashews
2 Esslöffel Karamellsoße (aus der Karamellschicht)
2 Esslöffel Haselnussbutter

Karamellschicht
16 große, entkernte Medjool-Datteln
1,5 Teelöffel Vanillepulver
250 ml Wasser
2 Esslöffel Haselnussbutter
65 g geröstete Haselnüsse

Obere Schicht
1 Tafel vegane Schokolade
65 g klein gehackte, geröstete Haselnüsse

1. Bereite zuerst die Karamellsoße für den Boden und die mittlere Schicht zu. Gib dafür 16 Medjool-Datteln, 1,5 Teelöffel Vanille und 250 ml Wasser in einen Highspeed-Blender und vermenge alles zu einer cremigen Masse. Stelle das Karamell beiseite.
2. Für den Boden gibst du die Haferflocken und Cashewkerne in einen Mixer und pürierst alles auf hoher Stufe für ein paar Sekunden zu einer Art Mehl. Gib das Mehl mit 2 bis 3 Esslöffel Karamellsoße und 2 Esslöffel Haselnussbutter in eine Schüssel und vermische alles gut. Verteile dann die Mischung in einer mit Backpapier ausgelegten Backform oder auf Silikonriegelformen und forme einen 1 cm dicken Boden mit leicht feuchten Händen.
3. Vermische 2 Esslöffel Haselnussbutter mit der restlichen Karamellsoße für die mittlere Schicht, gieße die Mischung auf die Bodenschicht (ca. doppelt so hoch – je mehr Karamell, desto besser!) und verteile die gerösteten Haselnüsse darauf. Drücke die Nüsse in das weiche Karamell und stelle anschließend alles für mindestens eine Stunde ins Eisfach. Wenn du in Eile bist, kannst du auch direkt die Schoki darübergießen und die Form danach für mindestens eine Stunde ins Eisfach stellen.
4. Besser funktioniert es, wenn du die Karamellschicht zuerst im Eisfach hart werden lässt und dann die Schokolade darübergießt. Streue gehackte Haselnüsse darauf und stell die leckeren Bueno-Bars noch einmal für 15 Minuten ins Eisfach. Die Riegel lassen sich problemlos für einige Wochen im Eisfach aufbewahren. Taue sie einfach 10 Minuten vor dem Verzehr auf, um die Haselnusscreme weich werden zu lassen. Absolut kööööstlich!

MINI BLAUBEER MUFFINS

1. Heize den Backofen auf 180 Grad Celsius vor.
2. Gib die Chiasamen in einen Mixer und püriere sie, bis sie fein gemahlen sind.
3. Gib das Hafermehl, die zerdrückten Bananen, den Ahornsirup, den Zitronensaft, das Backpulver und das Vanillepulver hinzu und mixe alles, bis du einen Teig erhältst.
4. Gieße den Teig in eine Schüssel, füge die Blaubeeren hinzu und fülle Mini-Silikonmuffinformen bis zum Rand.
5. Bestreue die Muffins mit Kokosblütenzucker und backe sie 25 bis 30 Minuten, bevor du sie vollständig auskühlen lässt. Die perfekten Muffins für die ganze Familie!

40 min

Low fat

Hormone health

40 g Chiasamen
90 g Hafermehl
3 reife Bananen, mit der Gabel zerdrückt
80 ml Ahornsirup
1 Teelöffel Backpulver
Saft von ½ Zitrone
1 Teelöffel Vanillepulver
160 g frische Blaubeeren

KARAMELL MUFFINS

40 min

Hormone health

Basis
115 g gemahlene Mandeln
2 Esslöffel Buchweizenmehl
5 Esslöffel Dattel-Karamell-Soße (5 große Datteln, 120 ml Wasser, 1 Teelöffel Vanillepulver)
3 Esslöffel Cashewbutter
200 ml Wasser (oder Mandelmilch)

Fudge Center
7 große Medjool-Datteln
1 Esslöffel Cashewbutter

Toppings
weiße, gehackte Mandeln
1 Esslöffel Kokosblütenzucker

1. Heize den Backofen auf 180 Grad Celsius vor.
2. Als Nächstes bereitest du die Karamellsoße zu, dafür gibst du 5 große, entsteinte Medjool-Datteln, 120 ml Wasser und 1 Teelöffel Vanillepulver in einen Mixer und pürierst alles zu einer Creme.
3. Gib die Karamellsoße zusammen mit gemahlenen Mandeln, Buchweizenmehl, Cashewbutter und Wasser in eine Schüssel und vermische alles gut. Den Teig kannst du kurz beiseitestellen, während du die Füllung herstellst.
4. Hierfür gibst du entsteinte Datteln und Cashewbutter in einen Food Processor und mixt alles, bis du eine klebrige Kugel erhältst. Forme aus der Masse 5 Kugeln.
5. Fülle jedes Muffin-Loch deiner Silikonform mit dem Teig, bis es halb voll ist.
6. Lege deine fudgy Füllung hinein und gib dann den Rest des Muffinteigs darauf. Wiederhole den Vorgang für die restlichen Muffin-Löcher und bestreue den Teig mit gehackten Mandeln und etwas Kokosblütenzucker.
7. Die Muffins für 30 Minuten backen und dann unbedingt vollständig auskühlen lassen, bevor du sie aus der Form hebst. SO LECKER, meine absoluten Lieblingsmuffins!

DIE BESTEN SCHOKI MUFFINS

40 min

Caffeine

Teig
130 g gemahlene, geröstete Haselnüsse
2 Esslöffel Buchweizenmehl
1 Esslöffel Kakaopulver
1 Esslöffel Cashewbutter
120 ml Mandelmilch

Karamellsoße
5 große Medjool-Datteln
120 ml Wasser
½ Teelöffel Vanillepulver

Füllung
4 große Datteln
80 ml Wasser
2 gehäufte Esslöffel Haselnussbutter
(oder braune Mandelbutter)
1 Esslöffel Kakaopulver
1 kleine, zerdrückte Banane
(oder ⅓ einer großen Banane)

Toppings
geröstete und gehackte Haselnüsse
Schokoladenstückchen
Kokosblütenzucker zum Bestreuen

1. Heize zuerst den Ofen auf 180 Grad Celsius vor.
2. Beginne dann mit der Herstellung der Karamellsoße. Gib dafür Datteln, Wasser und Vanille in einen Mixer und püriere alles zu einer cremigen Karamellsoße.
3. Gib die gemahlenen Haselnüsse, das Buchweizenmehl, das Kakaopulver, die Cashewbutter, die Mandelmilch und das Karamell in eine Schüssel und vermenge alles gut.
4. Für die No-tella-Füllung gibst du die Datteln und das Wasser in einen Food Processor und pürierst sie, bis sie fast komplett smooth sind. Gib dann die Haselnussbutter, das Kakaopulver und die zermatschte Banane hinzu und mixe erneut, bis alles cremig ist.
5. Verteile den Teig in deinen Muffinformen, bis sie zur Hälfte gefüllt sind, gib einen großzügigen Löffel der No-tella-Füllung darauf und bedecke sie mit dem restlichen Teig.
6. Streue gehackte und geröstete Haselnüsse, Schokoladenstücke und Kokosblütenzucker darüber und backe sie 30 Minuten lang. Das sind die leckersten und sättigendsten Muffins aller Zeiten! Probier sie unbedingt aus – sie sind viel einfacher zu machen, als es vielleicht aussieht, und deine ganze Familie wird sie lieben!

SCHOKO CAROCCINIS

20 min

Caffeine

90 g Hafermehl (gemahlene Haferflocken)
90 g gemahlene, weiße Mandeln
150 ml Ahornsirup
1 Teelöffel Vanillepulver
70 g Cashewbutter (oder weiße Mandelbutter)

Topping
1 Tafel vegane, zuckerfreie Schokolade

1. Heize den Ofen auf 180 Grad Celsius vor.
2. Gib alle Zutaten in eine Schüssel und vermische sie gut.
3. Forme mit leicht angefeuchteten Händen 10 Kugeln und lege sie auf ein Blech mit Backpapier. Lege ein weiteres Backpapier darauf und drücke die Kugeln flach, um eine dünne Keksform zu erhalten. So bleibt der Teig nicht an deinen Händen kleben.
4. Backe die Kekse 15 Minuten lang, bis sie goldgelb und knusprig sind, und lass sie dann vollständig auskühlen.
5. Schmilz die vegane Schoki, drehe die Kekse um und verteile eine Schicht geschmolzener Schokolade mit einem Silikonspatel darauf oder tauche jeden Keks von einer Seite in die Schokolade. Lass sie fest werden und genieße sie! Sooo lecker und knusprig.

DIE BESTEN COOKIES

20 min

Caffeine

Hormone health

160 g Haferflocken
4 Esslöffel Erdnussbutter
eine Prise Salz (optional)
3 Esslöffel Ahornsirup
3 Esslöffel Yaconsirup
2 Esslöffel Kokosblütenzucker
Schokistückchen (1 Tafel vegane Schokolade)

1. Heize den Backofen auf 180 Grad Celsius vor.
2. Gib alle Zutaten in eine Schüssel und vermische sie gut. Falls du keinen Yaconsirup hast, nimm einfach mehr Ahornsirup.
3. Forme mit leicht angefeuchteten Händen Kekse und lege sie auf ein mit Backpapier ausgelegtes Backblech.
4. Backe die Kekse 17 Minuten lang und lass sie dann vollständig abkühlen, damit sie besonders knusprig werden. Die einfachsten und besten Kekse aller Zeiten, die ich immer backe, wenn ich Lust auf einen knusprigen Snack habe oder wenn meine Freundinnen zum Dinner kommen.

SCHOKI HASELNUSS KEKSE

1. Heize den Ofen auf 180 Grad Celsius vor.
2. Gib alle Zutaten in eine Schüssel und vermische sie gut. Sooo schnell und einfach!
3. Forme mit leicht angefeuchteten Händen Cookies und lege sie auf ein mit Backpapier ausgelegtes Backblech.
4. Backe die Cookies dann 17 Minuten lang und lass sie vollständig abkühlen, damit sie noch knuspriger werden. Die sind immer wieder ein Hit! Ich habe sie schon sehr oft gebacken und wirklich ALLE lieben sie!

20 min

Caffeine

Hormone health

160 g Haferflocken
3 Esslöffel Ahornsirup
3 Esslöffel Dattelsirup
4 Esslöffel Haselnussbutter
2 Esslöffel Kokosblütenzucker
35 g geröstete und gehackte Haselnüsse
Schokistückchen (1 Tafel vegane, zuckerfreie Schokolade)

5 INGREDIENTS COOKIES

20 min

Detox

Hormone health

2 große, reife, zerdrückte Bananen
7 Medjool-Datteln
40 g Haferflocken
1 Esslöffel Mandelbutter
60 g zerkleinerte Pekannüsse oder Walnüsse

1. Heize den Ofen auf 180 Grad Celsius vor.
2. Zerdrücke die Bananen mit einer Gabel. Je reifer die Bananen sind, desto besser.
3. Gib die entsteinten Datteln in einen Food Processor und püriere sie, bis du eine stückige Masse erhältst.
4. Vermenge die Dattelmischung mit der pürierten Banane, den Haferflocken, der Mandelbutter und den Nüssen und mische alles gut durch. Du kannst die Haferflocken und die Nüsse im Food Processor auch etwas mahlen/zerkleinern, um eine Kekskonsistenz zu erhalten.
5. Forme die Kekse mit leicht angefeuchteten Händen und lege sie auf ein mit Backpapier ausgelegtes Blech.
6. Backe die Kekse 15 Minuten lang und lass sie dann weitere 10 Minuten abkühlen. Sie sind so gesund, dass sie sich auch perfekt als Frühstückscookies für unterwegs oder als leckerer Snack für die Schule, die Arbeit oder vor dem Sport eignen!

SCHOKI ERDNUSS HAFERKEKSE

1. Heize den Backofen auf 180 Grad Celsius vor.
2. Zerdrücke die Bananen mit einer Gabel, je reifer die Bananen sind, desto besser.
3. Gib alle anderen Zutaten hinzu und mische sie gut.
4. Forme aus dem Teig Kugeln und drücke sie in der Mitte leicht ein, lege sie auf ein mit Backpapier ausgelegtes Blech und backe sie 18 Minuten lang.
5. Ich lasse sie gerne 30 Minuten im ausgeschalteten Ofen abkühlen. So bekommen sie einen extragoldenen Crunch und schmecken am nächsten Tag noch besser. Die perfekten Cookies, sooo lecker!

20 min

Caffeine

Hormone health

2 große, reife, zerdrückte Bananen
150 g Haferflocken
4 Esslöffel Erdnussbutter
(oder Tahini – das geht auch super)
eine Prise Salz
1 Teelöffel Vanillepulver
5 Esslöffel Ahornsirup
2 Esslöffel Kokosblütensirup
Schokoladenstücke
(1 Tafel vegane Schokolade, 70 g)
1 Esslöffel Zimt (optional)

CAROS BROWNIES

1. Heize den Ofen auf 180 Grad Celsius vor.
2. Bereite zunächst die Karamellsoße für den Teig und die Füllung zu. Gib dafür 12 entsteinte Medjool-Datteln, 250 ml Wasser und 1 Teelöffel Vanillepulver in deinen Mixer und püriere alles, bis ein cremiges Karamell entsteht.
3. Verwende die Hälfte des Karamells für den Teig und vermische es mit allen anderen Teigzutaten.
4. Fülle die Hälfte des Brownie-Teigs in die Back- oder Silikonformen, gib die restliche Karamellsoße darauf und bedecke sie mit dem übrigen Brownie-Teig. Backe sie 30 Minuten lang, lass sie dann abkühlen und bestreue die Brownies mit etwas Kakaopulver. Sie sind auch am nächsten Tag noch superlecker, falls du Lust hast, ein bisschen mealzupreppen.

40 min

Caffeine

Detox

Basis
60 g gemahlene Mandeln
45 g Buchweizenmehl
2 gehäufte Esslöffel Kakaopulver
1 gehäufter Esslöffel Cashewbutter
1 zerdrückte Banane
½ Becher Karamellsoße
(6 Medjool-Datteln und 125 ml Wasser)

Füllung
6 Medjool-Datteln
1 Teelöffel Vanillepulver
125 ml Wasser

SÜSS-KARTOFFEL BROWNIES

45 min

Low fat

Detox

500 g gebackene und geschälte Süßkartoffeln
2 große Bananen (250 g)
120 ml Mandelmilch
5 große Medjool-Datteln (130 g)
6 Esslöffel Kakaopulver
2 Teelöffel Backpulver
60 g gemahlene Mandeln
70 g Hafermehl

1. Backe die Süßkartoffeln 50 bis 60 Minuten lang bei 190 Grad Celsius. Lass sie dann abkühlen. Das ist wirklich perfekt für Meal Prepping! Ein paar gebackene Süßkartoffeln im Kühlschrank zu haben, macht gesund essen so viel einfacher!
2. Schäle die Süßkartoffeln und gib sie zusammen mit der Mandelmilch und den Datteln in einen Food Processor und püriere sie, bis alles cremig ist.
3. Gib das Kakaopulver, das Backpulver, die gemahlenen Mandeln und das Hafermehl hinzu und mixe erneut, bis alles gut vermengt ist.
4. Heize den Ofen auf 180 Grad Celsius vor, gieße den Teig in eine mit Backpapier ausgelegte Backform und backe ihn für 35 Minuten. Lass die Brownies weitere 30 Minuten abkühlen, damit sie vollständig fest werden. SO YUMMY und so unglaublich gesund, dass sie gar nicht als Nascherei gelten!
5. Wenn du Lust auf ein Topping hast, füge eine Schicht geschmolzener, veganer Schoki hinzu und stelle die Brownies zum Festwerden in den Kühlschrank. Oder probiere mein gesundes No-tella-Rezept aus und füge eine großzügige Schicht davon hinzu – ich bin im Schoki-Himmel! ENJOOOY!

GESUNDER KAROTTEN KUCHEN

40 min

Hormone health

260 g gemahlene Mandeln
(ich habe weiße verwendet)
65 g Arrowroot
1 Teelöffel Zimt
1 Teelöffel Backpulver
1 Teelöffel All-Spice-Gewürzmischung (optional)
1 Teelöffel Vanillepulver
150 g Kokosblütenzucker

120 ml Mandelmilch
2 geraspelte Karotten
25 g eingeweichte Rosinen
30 g grob zerkleinerte Walnüsse

Frosting
100 g eingeweichte Cashewnüsse
Saft von ½ Zitrone
3 Esslöffel Ahornsirup
½ Teelöffel Vanillepulver
2 Esslöffel Wasser

1. Heize den Backofen auf 190 Grad vor.
2. Weiche die Rosinen und in einer separaten Schüssel Cashews in heißem Wasser ein (für die Glasur).
3. Gib alle trockenen Zutaten in eine Rührschüssel und vermische sie gut. Rühre die Mandelmilch ein und vermenge alles gut miteinander.
4. Hebe die geraspelten Karotten, die eingeweichten und abgespülten Rosinen und Walnüsse unter. Gib den Karottenkuchenteig in eine mit Backpapier ausgelegte Backform und backe den Kuchen 23 bis 25 Minuten lang. Ich habe festgestellt, dass 24 Minuten genau richtig sind, damit der Kuchen noch schön fluffig ist.
5. Während der Kuchen im Ofen ist, gib die eingeweichten und abgespülten Cashews, den Zitronensaft, den Ahornsirup, das Vanillepulver und das Wasser in einen Mixer und verarbeite alles zu einer cremigen Masse. Stelle das Frosting dann in den Kühlschrank, bis der Kuchen vollständig abgekühlt ist.
6. Gib die Cashew-Glasur darüber, streue noch ein bisschen geriebene Karotte darüber und GENIEßE deinen Kuchen. Das ist eines meiner Lieblingsrezepte überhaupt. So fluffy, lecker und gesund!

GRANOLA KARAMELL CUPS

30 min

Caffeine

Hormone health

Basis
60 g Pekannüsse
40 g Haferflocken
130 g Cashews
10 entsteinte Medjool-Datteln
1 Esslöffel Ahornsirup
eine Prise rosa Himalaya-Salz

Karamell
14 große, entsteinte Medjool-Datteln
240 ml Wasser
1 Esslöffel Vanillepulver
3 gehäufte Esslöffel Erdnussbutter
(füge 60 ml mehr Wasser hinzu,
wenn die Mischung zu klebrig ist)

Topping
1 Tafel vegane Schokolade

1. Heize den Ofen auf 180 Grad Celsius vor.
2. Gib alle Grundzutaten in einen Food Processor und mixe sie, bis du einen festen, klebrigen Teig erhältst. Forme mit den Händen kleine Kugeln und gib sie in deine Silikonförmchen. Backe sie 13 Minuten lang, bis sie goldbraun sind. Lass sie dann abkühlen, damit die Kruste fester wird.
3. Für das Karamell gibst du alle Zutaten in einen Mixer und pürierst sie, bis sie cremig sind.
4. Fülle das Karamell in die Förmchen und stelle sie in den Gefrierschrank, während du die Schokolade schmilzt.
5. Gieße die Schoki dann über die Granola-Karamell-Cups und stelle sie in den Kühlschrank, damit die Schokolade Zeit hat, fest zu werden. Das dauert nur etwa 5 Minuten – und dann: ENJOOOY! Immer, wenn ich sie mache, sind sie innerhalb von 10 Minuten weg. Lecker und voller Proteine!

APFEL TARTE

40 min

Detox

Hormone health

140 g Buchweizenmehl
4 Esslöffel gemahlene Mandeln
4 Esslöffel Kokosblütenzucker
1 Esslöffel gemahlene Leinsamen
3 Esslöffel Wasser für die Leinsamen
3 Esslöffel Mandelbutter
4 Esslöffel Mandelmilch
3 Esslöffel Ahornsirup
plus 6 Esslöffel Apfelkompott (Rezept auf Seite 138)
Optional: Wenn duuu es eilig hast, kannst du stattdessen unsere Karamellsoße verwenden. Schmeckt auch superlecker. Püriere dafür 5 große Datteln mit 120 ml Wasser und 1 Teelöffel Vanillepulver.

3 große, geschälte und in Scheiben geschnittene Äpfel
1 Esslöffel Kokosblütenzucker

1. Vermische die gemahlenen Leinsamen und das Wasser in einer kleinen Schüssel und stelle die Mischung für ein paar Minuten beiseite, bis sie eine klebrige Konsistenz hat. Leinsamen sind eine hervorragende Omega-3-Quelle und halten den Teig auch ohne Eier problemlos zusammen.
2. Gib das Buchweizenmehl, die gemahlenen Mandeln und den Kokosblütenzucker in eine Schüssel und vermenge alles gut.
3. Füge alle nassen Zutaten hinzu: die Leinsamenmischung, die Mandelbutter, den Ahornsirup und die Mandelmilch. Verrühre alles gut miteinander und forme eine große Kugel. Decke die Schüssel mit einem Küchentuch ab und stelle sie für 30 Minuten in den Kühlschrank.
4. Bereite in der Zwischenzeit das Apfelkompott vor, wenn du es nicht schon am Vortag gemacht hast.
5. Schäle die Äpfel, schneide sie in dünne Scheiben und stelle sie beiseite.
6. Heize den Backofen auf 180 Grad Celsius vor.
7. Nimm eine Kuchenform, lege Backpapier aus und fülle den Teig so ein, dass eine schöne 1 bis 2 cm dicke Bodenschicht entsteht.
8. Gib eine großzügige Schicht Apfelkompott darüber, lege die Apfelscheiben darauf und streue ein bisschen Kokosblütenzucker obendrauf, damit die Äpfel von oben schön karamellig werden.
9. Backe die leckere Apfeltarte 35 bis 40 Minuten lang goldbraun und lass sie danach vollständig auskühlen. Ich habe den ganzen Kuchen innerhalb einer Stunde verschlungen, weil er einfach so lecker ist. Und das Beste daran ist, dass er sooo gesund ist! Man fühlt sich einfach SUPER danach. YAY!

DIE BESTE PFLAUMEN TARTE

40 min

Detox

Hormone health

Basis
70 g Buchweizenmehl
2 Esslöffel gemahlene Mandeln
1 Esslöffel gemahlene Leinsamen, in 3 Esslöffel Wasser eingeweicht
2 Esslöffel Kokosblütenzucker
1 gehäufter Esslöffel Mandelbutter
4 Esslöffel Wasser

Karamell
3 große Medjool-Datteln
60 ml Wasser
½ Teelöffel Vanillepulver

Toppings
6 Pflaumen
1 Esslöffel Kokosblütenzucker

1. Heize den Backofen auf 180 Grad Celsius vor.
2. Vermische alle Teigzutaten gut miteinander und fülle den Teig in eine mit Backpapier ausgelegte Backform oder in eine Silikonform. Letztere liebe ich, denn so bleibt nichts kleben.
3. Für die Dattel-Karamell-Soße püriere die Datteln mit Wasser und Vanille in einem Mixer und gieße die Soße dann über den Teig.
4. Halbiere deine Pflaumen, lege sie auf die Karamellschicht und bestreue sie mit etwas Kokosblütenzucker. Das macht den Kuchen noch viel besser und gibt den Pflaumen einen karamelligen Geschmack.
5. Backe die Pflaumentarte für 30 Minuten und lass sie vollständig abkühlen, bevor du sie aus der Form holst. Dieser Kuchen ist einfach zu lecker! Ich LIEBE ihn!

FEIGEN TARTE

40 min

Detox

Hormone health

Basis
150 g Buchweizenmehl
4 Esslöffel gemahlene Mandeln
4 Esslöffel Kokosblütenzucker
1 Esslöffel gemahlene Leinsamen
3 Esslöffel Wasser für die Leinsamen
3 Esslöffel Mandelbutter
4 Esslöffel Mandelmilch

Karamell-Dattel-Soße
3 bis 4 große Medjool-Datteln
60 ml Wasser
½ Teelöffel Vanillepulver

12 in Hälften geschnittene Feigen
1 Esslöffel Kokosblütenzucker

1. Mische die gemahlenen Leinsamen mit Wasser und lass sie 10 Minuten lang quellen, damit ein Leinsamen-Ei entsteht.
2. Vermische das Buchweizenmehl, die gemahlenen Mandeln, den Kokosblütenzucker, das Leinsamen-Ei, die Mandelbutter und die Mandelmilch gut miteinander.
3. Stelle den Teig für 30 Minuten in den Kühlschrank und decke die Schüssel mit einem sauberen Küchentuch ab.
4. Verteile den Teig in einer Backform, die mit Backpapier ausgelegt ist, und forme einen 1 bis 2 cm dicken Kuchenboden.
5. Heize den Backofen auf 180 Grad Celsius vor.
6. Für die Karamellsoße: Püriere die Datteln mit Wasser und Vanillepulver in einem Mixer zu einer Creme. Verteile die Karamell-Dattel-Soße auf dem Teigboden.
7. Schneide die Feigen in der Mitte durch, belege den Kuchen damit und streue ein bisschen Kokosblütenzucker darauf.
8. Backe den Kuchen 30 Minuten lang und lass ihn danach weitere 10 Minuten abkühlen. SO LECKER!!! Der ist bei mir immer ganz schnell weg, und das Beste ist, dass er gesund ist. YAY!

KARAMELL FUDGE SQUARES

10 min

Low fat

Caffeine

6 große Medjool-Datteln
1 gehäufter Esslöffel braune Mandelbutter
(ich habe geröstete verwendet)

Glasur
½ Tafel vegane Schokolade

1. Gib die entsteinten Datteln in deinen Food Processor und püriere sie, bis eine Kugel Dattelpaste entsteht. Die Jumbo-Datteln, die ich verwende, sind ziemlich groß. Wenn deine Datteln kleiner sind, kannst du 2 bis 3 mehr verwenden.
2. Gib einen gehäuften Esslöffel Mandelbutter hinzu und püriere die Masse noch ein paar Mal, bis alles gut vermischt ist.
3. Forme mit den Händen kleine Vierecke und stelle sie auf einem Teller so lange in den Kühlschrank, bis die Schokolade geschmolzen ist.
4. Tauche dann jedes Viereck in die flüssige Schoki, das funktioniert am besten mit einem kleinen Zahnstocher. Stelle die leckeren Happen schnell wieder in den Kühlschrank, damit die Schokolade fest werden kann. Sie können bis zu einer Woche im Kühlschrank aufbewahrt werden. Aber meine sind immer innerhalb weniger Minuten weg! ☺ Der perfekte gesunde Snack und man kann alle auf einmal genießen, denn sie sind soo gesund! Das Rezept ist eines meiner absoluten Favoriten, weil es so schnell und einfach ist! ☺

ERDNUSS KARAMELL BOMBEN

1. Gib die Datteln und die Erdnussbutter in einen Food Processor und vermenge alles, bis du eine Paste erhältst.
2. Gib die Mischung in eine Schüssel, füge die gehackten Erdnüsse hinzu und forme kleine Kugeln.
3. Schmilz deine vegane Schoki und tauche mit einem kleinen Holzzahnstocher deine Karamell-Erdnuss-Kugeln hinein. Wiederhole den Vorgang für alle Kugeln, lege sie auf einen Teller und lass sie 30 Minuten lang im Gefrierfach fest werden. Der allerleckerste Snack! Ich bin total besessen und habe sie schon sehr oft gemacht. Du kannst sie auch tagelang im Gefrierfach oder Kühlschrank aufbewahren und ab und zu einen kleinen Happen genießen. Aber bei mir sind sie immer innerhalb eines Tages weg!

10 min

Caffeine

Hormone health

12 große, entkernte Medjool-Datteln
2 gehäufte Esslöffel Erdnussbutter
60 g geröstete und zerkleinerte Erdnüsse
1 Tafel vegane, zuckerfreie Schokolade (70 g)

SCHOKO HASELNUSS KUGELN

10 min

Caffeine

Hormone health

12 große Medjool-Datteln
2 Esslöffel rohes Kakaopulver
2 Esslöffel Haselnussbutter
½ Teelöffel Vanillepulver
65 g geröstete Haselnüsse, klein gehackt

130 g ganze, geröstete Haselnüsse für die Füllung
1 Tafel vegane Schokolade

1. Gib zuerst die entsteinten Datteln in einen Food Processor und püriere sie, bis eine klebrige Dattelpaste entsteht.
2. Füge alle anderen Zutaten hinzu und vermenge alles weitere 10 bis 20 Sekunden lang, aber nicht zu lange, denn es ist lecker, wenn ein paar knackige Haselnussstücke dabei sind.
3. Forme mit den Händen kleine Kugeln und setze jeweils eine Haselnuss in die Mitte der Kugel. Wiederhole dies, bis der ganze Teig aufgebraucht ist.
4. Stelle dann die Schoko Haselnuss Kugeln in den Kühlschrank und schmilz in der Zwischenzeit die Schokolade. Tauche alle Schoko Haselnuss Kugeln in die Schoki und lass sie für 30 Minuten im Kühlschrank fest werden. Mmmh, das sind die köööstlichsten Häppchen und ein absolutes Muss für alle, die Schoko Haselnuss Kugeln so sehr lieben wie ich, schon als ich klein war.

DATTEL ERDNUSS-BUTTER EIS

1. Beginne mit der Herstellung der crunchy Dattelstückchen. Gib dafür die Datteln und die Erdnussbutter in einen Food Processor und mixe, bis du eine Dattelkugel erhältst. Forme dann daraus kleine Kügelchen und stelle sie beiseite.
2. Gib die gefrorenen Bananen, die Kokoscreme, die Erdnussbutter und eine Prise rosa Himalaya-Salz in deinen Food Processor und püriere, bis du eine cremige Eismischung erhältst. Fülle diese in einen Eisbehälter um, mische die Dattelkügelchen unter und stelle sie vor dem Servieren mindestens 30 Minuten lang ins Eisfach. SO EINFACH, SO LEICHT und SO VIEL GESÜNDER als normales Eis!

10 min

Raw

Hormone health

Basis
4 große, gefrorene Bananen
125 g Kokoscreme oder Kokosjoghurt
1 Esslöffel Erdnussbutter
eine Prise Himalaya-Salz

Crunchy Dattelstückchen
6 große Medjool-Datteln
1 Esslöffel Erdnussbutter

TIRAMISU

1. Dieses Rezept ist einfach und lecker! Gib alle Zutaten in einen Highspeed-Mixer und mixe alles zu einer cremigen Masse. Fülle diese in ein Glas und stelle es für eine Stunde in den Kühlschrank.
2. Verziere das Tiramisu mit viel Kakaopulver und Bananenscheiben, bevor du es servierst. Ich LIEBE dieses Rezept!

5 min

Raw

Hormone health

2 reife Bananen
75 g Cashews
4 große, entkernte Medjool-Datteln
1 Teelöffel Vanillepulver
60 ml Wasser

Toppings
Bananenscheiben
Kakaopulver

BANANA BOATS

5 min

Raw

Detox

4 bis 5 reife Bananen
1 Esslöffel Mandelbutter
1 Esslöffel Wasser

Toppings
Kokosraspeln
Kakaonibs
optional Hanfsamen, Kakaopulver

1. Halbiere die Bananen der Länge nach.
2. Mische die Mandelbutter mit Wasser, damit sie etwas cremiger wird und sich leichter verteilen lässt.
3. Verteile dann eine dünne Schicht Mandelmus mit einem Messer auf deinen Bananen.
4. Streue Kokosraspeln, Kakaonibs oder optional Hanfsamen oder auch Kakaopulver darüber. Ich lieeebe diese leckeren, simplen Bananen-Häppchen und habe sie in letzter Zeit sehr oft gegessen. Sie enthalten viel Kalium, Ballaststoffe und Vitamine.

MANDEL HÖRNCHEN

10 min

Raw

Caffeine

150 g gemahlene, weiße Mandeln
3 Esslöffel Ahornsirup
½ Tafel vegane Schokolade
40 g gehobelte Mandeln

OMG, zuerst muss ich loswerden, dass dies eines meiner Lieblingsrezepte ist, weil es a) sehr schnell zubereitet ist, b) mich daran erinnert, was ich in meiner Kindheit so gerne gegessen habe, und c) sie sooo köstlich und total gesund sind.

1. Gib die gemahlenen Mandeln und den Ahornsirup in deinen Food Processor und lass ihn auf Automatik für etwa 1 bis 2 Minuten laufen. So entsteht eine weiche, aber dennoch feste, leckere Marzipanrohmasse.

2. Forme aus der Masse kleine Halbmonde und lege sie auf ein Blech. Wenn dein Marzipan zu weich ist, stelle es für 30 bis 60 Minuten in den Kühlschrank.

3. Nimm die Mandelblättchen und bedecke damit die Mitte deiner leckeren Hörnchen. Das muss man einzeln machen und erfordert ein bisschen Geduld, aber es lohnt sich.

4. Schmilz die vegane Schokolade, tauche die Mandelhörnchen an beiden Enden in die Schokolade ein und lass sie ein paar Minuten trocknen. Die Mandelhörnchen können im Kühlschrank einige Tage aufbewahrt werden. So einfach, leicht, lecker und gesund!

SCHOKI PUDDING

Gib alle Zutaten in einen Mixer und mixe sie, bis sie cremig sind. Der einfachste 2-Minuten-Schokipudding, und nebenbei ist er auch noch sooo gesund! Ich esse ihn gern, auch mit 2 bis 3 Löffel Kokosjoghurt obendrauf. Das erinnert mich an die Schokopudding-Joghurts, die ich in meiner Kindheit gegessen habe (die aber nicht so gesund sind, haha).

TIPP: Du kannst auch ganz einfach den allerbesten Vanillepudding machen, indem du 3 reife Persimonen und 1 Teelöffel Vanillepulver pürierst. Diese Version mache ich auch mindestens 2 bis 3 Mal die Woche im Herbst zur Persimonen-Saison. Wichtig ist bei beiden Varianten, Persimonen zu verwenden und keine Kakis. Kakis sind wesentlich fester von der Konsistenz.

5 min

Raw

Nut free

Detox

3 reife Persimonen
1 bis 2 Esslöffel Kakaopulver
1 Teelöffel Vanillepulver
2 Medjool-Datteln

Topping
Kokosjoghurt (optional)

PEKANNUSS KARAMELL BROWNIES

Raw

Caffeine

Hormone health

Brownie Teig
6 große Medjool-Datteln
50 g Pekannüsse
½ Teelöffel Vanillepulver
3 Esslöffel rohes Kakaopulver

Karamell
10 große Datteln oder 12 kleinere Datteln
1 Teelöffel Vanillepulver
250 ml Wasser

Toppings
1 Tafel vegane Schokolade
6 Pekannüsse

1. Gib zunächst alle Zutaten für den Boden in einen Food Processor und verarbeite sie, bis ein klebriger Teig entsteht.
2. Gib den Teig in eine mit Backpapier ausgelegte Backform und drücke ihn flach, sodass ein 1 bis 2 cm dicker Boden entsteht. Stelle die Form ins Eisfach, während du die Karamellsoße zubereitest.
3. Gib alle Karamell-Zutaten in einen Hochleistungsmixer und püriere alles zu einer cremigen Soße. Verteile dann das Karamell auf dem Brownie-Boden und stelle die Form noch einmal für 30 Minuten ins Eisfach.
4. Schmilz dann die Schoki, gieße sie über die Karamellschicht und lege ein paar Pekannüsse darüber.
5. Die Brownies können einige Wochen lang im Gefrierschrank aufbewahrt werden – obwohl meine innerhalb eines Tages aufgebracht waren. ☺ Nimm sie dann ca. 20 Minuten vor dem Verzehr heraus, damit das Karamell schön weich ist.

RAW CARROT CAKE

10 min

Raw

Detox

4 große, geraspelte Karotten
45 g Kokosraspeln
60 g Pekannüsse
60 g Mandeln
7 entkernte Medjool-Datteln
1 Teelöffel Zimt
1 Teelöffel Vanillepulver

Icing
150 g in Wasser eingelegte und abgetropfte Cashews
2 Esslöffel Ahornsirup
125 ml Mandelmilch

1. Gib die Pekannüsse, Datteln, Zimt und Vanille in einen Food Processor oder Mixer und mixe alles zu einer klebrigen Masse. (Achtung: Mixe nicht zu lange!)
2. Gib die Mischung in eine Schüssel, füge die geraspelten Karotten und Kokosraspeln hinzu und vermenge alles gut.
3. Gib die Masse in eine mit Backpapier ausgelegte Form und drücke alles mit leicht feuchten Händen zu einem ca. 2 bis 3 cm dicken Boden fest. Stelle die Form ins Eisfach, während du das Icing zubereitest.
4. Für die Herstellung des Icings gibst du alle Zutaten in einen Mixer und mixt sie zu einer cremigen Masse. Verteile die Creme auf dem Kuchen und stelle alles noch einmal für 30 Minuten ins Eisfach. Falls das Icing zu hart wird, lass den Kuchen einige Minuten vor dem Verzehr auftauen. Falls du den Kuchen am selben Tag servierst, kannst du ihn im Kühlschrank lagern.

NOTIZ: Ich habe hier auf dem Foto eine kleinere runde Form verwendet, da brauchst du nur die Hälfte der Icing-Menge, weil der Kuchen etwas höher, aber dafür kleiner ist.

PISTAZIEN DATTELN

1. Gib alle Zutaten für die Füllung in einen Food Processor und verarbeite sie zu einer klebrigen Marzipanmasse.
2. Forme mit deinen Händen kleine, eierförmige Ovale und lege sie in jede Dattel.
3. Schmilz die Schoki, tauche die mit Pistaziencreme gefüllten Datteln in die Schokolade und streue ein paar Pistazien darüber. Stelle sie in den Kühlschrank, bis die Schokolade vollständig hart geworden ist, und genieße sie dann! Bewahre sie im Kühlschrank auf, bis sie alle aufgegessen sind. ☺

10 min

Raw

Caffeine

7 große, entkernte Medjool-Datteln

Füllung
60 g gemahlene Mandeln
40 g Pistazien
2 Esslöffel Ahornsirup

Toppings
1 Tafel vegane, zuckerfreie Schokolade
gehackte Pistazien

CASHEW TOFFEE DATTELN

10 min

Low fat

Detox

9 entsteinte Datteln

Füllung
4 große Medjool-Datteln
1 gehäufter Teelöffel Cashewbutter

1. Beginne mit der Zubereitung deiner Füllung. Gib dafür 4 Medjool-Datteln in einen Food Processor und verarbeite sie zusammen mit der Cashewbutter, bis du eine klebrige Paste erhältst.
2. Nimm deine 9 Medjool-Datteln und löffle die Füllung gleichmäßig in jede Dattel. Bewahre sie im Kühlschrank auf, bis du sie GENIEßEN kannst. Der köstlichste, einfachste 2-Minuten-Snack, den einfach alle lieben!

ERDNUSS KARAMELL DATTELN

10 min

Raw

Caffeine

6 große, entsteinte Medjool-Datteln

Füllung
3 große Medjool-Datteln
1 Teelöffel Erdnussbutter

Toppings
½ veganer Schokoriegel
geröstete, zerkleinerte Erdnüsse
ein Spritzer Erdnussbutter

1. Entkerne die Datteln, stelle sie beiseite und bereite die Füllung zu, indem du alle Zutaten in einen Food Processor gibst und pürierst, bis du eine Paste erhältst.
2. Befülle die Datteln mit der Erdnuss-Dattel-Paste.
3. Schmilz die vegane Schokolade und tauche die gefüllten Datteln entweder komplett in die Schoki oder gib ein wenig Schokolade darüber.
4. Gib die gerösteten und gehackten Erdnüsse und einen Klecks Erdnussbutter darüber und stelle die Datteln zum Festwerden für ein paar Minuten in den Gefrierschrank oder, wenn du es nicht eilig hast, für 30 Minuten in den Kühlschrank. Dieses Rezept eignet sich auch perfekt für eine Zubereitung in großen Mengen, weil die Datteln bis zu eine Woche im Kühlschrank aufbewahrt werden können. So hast du immer einen gesunden Snack parat.

HIMBEER TARTE

10 min

Raw

Hormone health

Boden
180 g Mandeln
60 g Pekannüsse
50 g Kokosraspeln
(geht aber auch super ohne diese Zutat)
7 große Medjool-Datteln

Vanillecreme
130 g eingeweichte und abgespülte Cashewnüsse
1 Teelöffel Vanillepulver
5 große Medjool-Datteln
240 ml Mandelmilch

Topping
Himbeeren (etwa 200 g)

1. Gib alle Zutaten für den Boden in einen Mixer oder einen Food Processor und mixe, bis du einen klebrigen Teig erhältst.
2. Gib die Mischung in eine mit Backpapier ausgelegte Kuchenform und forme den Boden mit angefeuchteten Händen. Stelle die Form in den Gefrierschrank, während du die Vanillecreme zubereitest.
3. Für die Creme gibst du alle Zutaten in den Mixer und pürierst sie cremig. Gib die Vanillecreme auf den Boden und stelle den Kuchen wieder für eine Stunde ins Gefrierfach.
4. Garniere die Torte mit Himbeeren – und genieße sie! Wenn die Creme zu fest ist, warte ein paar Minuten. Ich liebe es, sie zu essen, wenn die Creme weich geworden ist. Der Kuchen ist auch sooo hübsch und dekorativ, perfekt als Geburtstagskuchen UND gesund, da fällt niemand in ein Food Coma, haha!

BANOFFEE CAKE

20 min

Raw

Hormone health

Boden
75 g Haferflocken
130 g Cashews
2 Esslöffel Erdnussbutter
3 Esslöffel Karamellsoße (von der Karamellschicht)

Karamellschicht
14 große, entkernte Medjool-Datteln
240 ml Wasser
1 Teelöffel Vanillepulver

Banoffee-Schicht
4 große, reife Bananen
225 g Cashews
8 große, entkernte Medjool-Datteln
1 Teelöffel Vanillepulver
250 ml Wasser

1. Mahle zuerst die Haferflocken und Cashews in einem Mixer zu Mehl.
2. Als Nächstes bereitest du die Karamellsoße zu. Gib dafür die Datteln, das Wasser und das Vanillepulver in einen Mixer und püriere alles cremig.
3. Vermische das Mehl, die Erdnussbutter und 3 Esslöffel Karamellsoße gut miteinander zu einem klebrigen Teig. Verteile die Mischung dann in einer mit Backpapier ausgelegten Kuchenform und forme einen 1 cm dicken Boden.
4. Gieße abgesehen von 1 bis 2 Teelöffeln die restliche Karamellcreme auf den Teigboden. Mit der übrigen Karamellcreme verziere ich am Ende gern den Kuchen. Stelle die Form ins Eisfach.
5. Für die Banoffee-Schicht gibst du alle Zutaten in den Mixer und mixt so lange, bis alles cremig ist. Wenn du die Cashews vorher in Wasser einlegst, lassen sie sich noch einfacher zerkleinern. Aber dieser Schritt ist nur optional. ☺ Verteile die Banoffee-Mischung anschließend auf dem Kuchen und stelle noch einmal alles für 30 Minuten ins Eisfach.
6. Nimm den Kuchen 10 Minuten vor dem Verzehr aus dem Eisfach, verziere ihn mit frischen Bananenscheiben, gehackten, gerösteten Mandeln und dem Rest der Karamellcreme. Du kannst diesen Kuchen für einige Wochen im Eisfach aufbewahren. Er lässt sich zum Beispiel perfekt im Voraus zubereiten, wenn du Freundinnen und Freunde zu dir einlädst. ☺

X M A S

KLASSISCHE LEBKUCHEN

25 min

Low fat

Caffeine

400 g gemahlene Haselnüsse

Karamellsoße
12 Medjool-Datteln und 240 ml Wasser püriert
1 Teelöffel Vanillepulver
2 Esslöffel geriebener Apfel
2 Esslöffel Lebkuchengewürz
1 Orangenschale
100 g getrocknete Aprikosen
(15 Minuten in heißem Wasser eingeweicht und gehackt)

Toppings
1 Tafel vegane Schokolade
rohe Mandeln

1. Heize den Backofen auf 170 Grad Celsius vor.
2. Gib für die Karamellsoße die Datteln, Vanille und Wasser in deinen Mixer und püriere alles, bis es cremig ist.
3. Rasple den Apfel, hacke die eingeweichten Aprikosen und vermische sie mit allen anderen Zutaten.
4. Forme mit den Händen Mini-Lebkuchen oder größere, wie ich es hier gemacht habe, lege sie auf ein mit Backpapier ausgelegtes Blech und backe sie für 12 Minuten.
5. Die Lebkuchen sind noch superweich, wenn sie aus dem Ofen kommen. Lass sie am besten ganz auskühlen, sie werden dann fest. ☺
6. Schmilz die vegane Schokolade in einem Wasserbad und gieße sie über die Lebkuchen, bestreue sie je nach Belieben mit ein paar Mandeln und stelle sie in den Kühlschrank zum Abkühlen. Bewahre deine Lebkuchen in einem luftdichten Behälter bis zu sieben Tage auf. SOOO LECKER und auch ein superschönes Weihnachtsgeschenk!

PISTAZIEN LEBKUCHEN

25 min

Caffeine

Hormone health

Basis
400 g gemahlene Haselnüsse
2 Esslöffel geriebener Apfel
2 Esslöffel Lebkuchengewürz
1 Orangenschale
100 g getrocknete Aprikosen
(15 Minuten in heißem Wasser eingeweicht und klein gehackt)
7 getrocknete, zerkleinerte Feigen
40 bis 80 g geröstete und gehackte Pistazien

Karamellsoße
12 Medjool-Datteln
250 ml Wasser
1 Teelöffel Vanillepulver

Toppings
1 Tafel vegane Schokolade
80 g geröstete und gehackte Pistazien

1. Heize den Backofen auf 170 Grad Celsius vor.
2. Gib für die Karamellsoße entsteinte Datteln, Vanille und Wasser in deinen Mixer und püriere alles zu einer cremigen Masse.
3. Rasple den Apfel, hacke die eingeweichten Aprikosen, die getrockneten Feigen und die Pistazien klein und vermische sie mit allen anderen Zutaten.
4. Forme mit leicht feuchten Händen Mini-Lebkuchen, lege sie auf ein mit Backpapier ausgelegtes Backblech und backe sie für 12 Minuten.
5. Die Lebkuchen sind noch sehr weich, wenn sie aus dem Ofen kommen, lass sie erst einmal vollständig abkühlen – sie werden von selbst fest. ☺
6. Hacke in der Zwischenzeit die restlichen gerösteten Pistazien.
7. Schmilz die vegane Schokitafel und gieße sie über die Lebkuchen für den Überzug. Streue dann deine Pistazien sofort darüber, damit sie an der geschmolzenen Schokolade haften bleiben und später nicht herunterfallen.
8. Warte, bis die Schokolade fest geworden ist, und bewahre die leckeren Lebkuchen in einem luftdichten Behälter oder in einem Glas im Kühlschrank auf und genieße sie über die Feiertage. Ich lieeebe es, wie hübsch diese aussehen, sie sind auch das perfekte Weihnachtsgeschenk!

VANILLE KIPFERL

25 min

Hormone health

200 g gemahlene Haselnüsse
250 g Hafermehl (gemahlene Haferflocken)
75 g Kokosblütenzucker
2 Teelöffel Vanillepulver

3 Esslöffel Karamellsoße
(4 Datteln und 80 ml Wasser im Mixer verarbeiten)
3 Esslöffel Dattelsirup
3 Esslöffel weiße Mandelbutter
2 Esslöffel Mandelmilch

1. Gib alle trockenen Zutaten in eine Rührschüssel und rühre sie gut um. Füge dann die Mandelbutter, den Dattelsirup, die Karamellsoße und die Mandelmilch hinzu.
2. Decke die Schüssel mit einem Küchentuch ab und stelle sie für 30 Minuten in den Kühlschrank.
3. Heize den Backofen auf 175 Grad Celsius vor.
4. Nimm den Teig aus dem Kühlschrank und forme kleine Halbmonde. Lege sie dann auf ein mit Backpapier ausgelegtes Backblech und backe sie für 13 bis 14 Minuten. Sie sind nach dem Backen noch etwas weich und müssen vollständig abkühlen.
5. Streue vor dem Servieren etwas Kokosblütenzucker darüber. Bewahre sie in einem luftdichten Behälter im Kühlschrank auf – so bleiben sie einige Tage frisch.
☺ Ich liebe dieses Rezept! Als Kind waren das meine Lieblings-Weihnachtsplätzchen und diese gesunde Version ist einfach himmlisch.

LAZY DOMINOS

1. Gib alle Zutaten in einen Food Processor und mixe, bis eine feste Dattelpaste entsteht.
2. Forme mit den Händen kleine Würfel und lege sie auf ein Blech mit Backpapier.
3. Schmilz die vegane Schoki, gib sie in ein kleines, tiefes Glas und tauche jeden Dominostein in die Schokolade ein. Hierfür eignet sich ein Zahnstocher super. Lege die mit Schokolade überzogenen Dominosteine auf ein Tablett und stelle sie für 10 Minuten in den Kühlschrank, damit die Schokolade fest werden kann.
4. Diese Dominosteine sind soooo köstlich! YUM, YUM, YUM!

10 min

Caffeine

Detox

Basis
8 getrocknete Aprikosen (10 Minuten eingeweicht)
5 große Medjool-Datteln
70 g Mandeln
1 Esslöffel Haferflocken

Überzug
1 veganer Schokoriegel (optional)

MARMELADEN PLÄTZCHEN

1. Heize den Ofen auf 180 Grad vor und lege ein Backblech mit Backpapier aus.
2. Beginne mit der Herstellung der Himbeermarmelade. Mische dazu die Chiasamen mit Wasser und stelle sie 10 Minuten lang beiseite, damit sie eindicken. Gib die Chiasamen-Mischung mit allen anderen Zutaten in eine kleine Schüssel und vermische sie gut. Stelle dann die Marmelade erst einmal kurz beiseite.
3. Vermische in einer separaten Schüssel das Hafermehl, die gemahlenen Mandeln sowie das Vanillepulver. Füge den Ahornsirup, die Dattel-Karamell-Soße und die Mandelbutter hinzu und verrühre alles gut.
4. Forme 10 kleine Kugeln, lege sie auf das Backblech und drücke mit dem Daumen mittig eine kleine Mulde hinein. Fülle in jede Mulde einen Teelöffel Himbeermarmelade und backe die Kekse knapp 13 Minuten lang.
5. Lass sie vollständig abkühlen und serviere sie mit der übrig gebliebenen Marmelade als Extra-Dip.
6. Du kannst die Kekse in einem luftdichten Behälter bis zu sieben Tage aufbewahren. YUMMM! Dies ist eines meiner absoluten Lieblingsrezepte.

25 min

Hormone health

Basis
80 g Mandelbutter
Dattel-Karamell-Soße
(püriere 4 große Datteln und 80 ml Wasser)
1 Teelöffel Vanillepulver
1 Esslöffel Ahornsirup
90 g Hafermehl (Haferflocken mahlen)
115 g gemahlene Mandeln

Himbeermarmelade
140 g Himbeeren
1 Esslöffel Chiasamen
2 Esslöffel Wasser
1 Esslöffel Ahornsirup
1 gehackte Medjool-Dattel (optional)

YULE LOG

30 min

Caffeine

Low fat

Basis
180 g Hafermehl
1 gehäufter Esslöffel Arrowroot
50 g Kokosblütenzucker
2 Esslöffel Kakaopulver
½ Teelöffel Backpulver
eine Prise rosa Himalaya-Salz
ein Teelöffel Apfelessig
260 ml Pflanzenmilch
2 Esslöffel Apfelmus
2 Esslöffel Haselnussbutter

Vanillecreme
2 reife Persimonen
1 Teelöffel Vanillepulver
130 g Cashews

Schokoladenüberzug
30 g Cashews
5 Medjool-Datteln
2 Esslöffel Kakaopulver
240 ml Mandelmilch

1. Heize den Ofen auf 170 Grad Celsius vor.
2. Gib das Hafermehl, Arrowroot, den Kokosblütenzucker, das Kakaopulver, Backpulver und eine Prise Salz in eine Schüssel und vermische alles gut.
3. Verrühre in einer separaten Schüssel den Ahornsirup, die Pflanzenmilch, das Apfelmus und die Nussbutter, gib sie zur trockenen Mischung und rühre, bis ein schöner, dicker Teig entsteht.
4. Lege ein großes Backblech mit einem 24 x 30 cm großen Blatt Backpapier aus. Die Größe des Papiers ist wichtig, um den Kuchen später aufrollen zu können. ☺
5. Gib den Teig auf das vorbereitete Backblech und verteile ihn gleichmäßig. Die Schicht sollte circa 1 cm dick sein. Schiebe ihn in den Ofen und backe ihn 12 bis 14 Minuten. Lass ihn danach ein paar Minuten abkühlen.
6. Bereite in der Zwischenzeit die Vanillecreme zu, indem du alle Zutaten in einen Mixer gibst und pürierst. Gieße die Vanillecreme auf den Schokoladenkuchen und rolle den Kuchen dann vorsichtig von einem Ende zum anderen auf. Hier muss man ein bisschen Geduld haben. ☺
7. Stelle ihn vorsichtig in den Kühlschrank und lass ihn dort abkühlen, während du den Schokiüberzug herstellst. Gib dafür die Cashews, die Datteln, das Kakaopulver und die Mandelmilch in einen Mixer und mixe die Masse, bis alles cremig ist.
8. Wenn du etwas mehr Zeit hast, lass den Kuchen und den Schokoladenüberzug eine Stunde lang im Kühlschrank fest werden. Gieße dann die Schokoladensoße über den Kuchen und ziehe mit einer Gabel drei Linien. Du kannst den Kuchen für ein paar Tage im Kühlschrank aufbewahren. Obwohl er bestimmt schon früher weg sein wird, meiner hält immer nur höchstens zwei Tage, weil er so lecker und creeeamy ist. Enjoy!

SWEET

BOWLS

BUENO BOWL/ CHOCO ICE CREAM

Püriere alle Zutaten für die Bowl in einem Mixer, bis du eine cremige Eismasse erhältst. Falls du es gerne noch süßer hast, gib 2 bis 3 Medjool-Datteln hinzu, bevor du pürierst. SOOO lecker und es schmeckt einfach allen!

15 min

Raw

Low fat

Detox

4 bis 5 gefrorene Bananen
2 Esslöffel rohes Kakaopulver
120 ml Wasser
optional 3 Medjool-Datteln

Topping-Ideen
geröstete Haselnüsse
Kakaonibs

GRAIN-FREE PORRIDGE

5 min

Raw

Low fat

Detox

Basis
4 reife Bananen
1 Apfel

Karamellsoße
3 große Datteln
120 ml Wasser
Vanillepulver

Toppings
Blaubeeren
Bananenscheiben
1 Esslöffel geröstete, gehackte Mandeln
1 Teelöffel Zimt

1. Schneide die Bananen und den Apfel klein und gib sie in einen Food Processor. Wenn du sie vorher zerkleinerst, ist es einfacher, eine gleichmäßige Konsistenz zu erhalten. Verarbeite alles, bis es creamy wird und eine quarkähnliche Konsistenz erhält.
2. Als Topping stellst du die leckere Karamellsoße her: Gib dafür 3 große Datteln, das Wasser und das Vanillepulver in einen Mixer und püriere alles, bis es cremig wird.
3. Gib die Karamellsoße über den Porridge zusammen mit Beeren, Bananenscheiben, ein paar gerösteten Mandeln und Zimt. Das viele Obst macht dich satt und die Ballaststoffe geben deiner Verdauung einen Boost. So lecker und so einfach!

BANOFFEE PUDDING

10 min

Raw

Low fat

Detox

Basis
5 Medjool-Datteln
125 bis 250 ml Wasser
½ Teelöffel Vanillepulver

Unterste Schicht
5 Medjool-Datteln
2 Bananen
1 Esslöffel Erdnussbutter
125 ml Wasser

Zweite Schicht
1 in Scheiben geschnittene Banane

Oberste Schicht
trocken geröstete und gehackte Erdnüsse

1. Gib für die Karamellschicht die Datteln, das Vanillepulver und das Wasser in einen Mixer und mixe, bis alles cremig ist. Falls deine Datteln klein sind, nimm lieber die geringere Menge Wasser.
2. Gib dann die Mischung in ein Glas und stelle es beiseite.
3. Für die mittlere Schicht gibst du 5 Datteln, 2 Bananen, 1 Esslöffel Erdnussbutter und 125 ml Wasser in den Mixer und pürierst alles, bis es cremig wird. Gib die Hälfte dieser Mischung auf den Boden.
4. Schneide eine Banane in Scheiben und lege sie als dritte Schicht in das Glas. Das schmeckt superlecker!
5. Fülle die andere Hälfte der cremigen Dattel-Bananen-Erdnuss-Mischung obendrauf.
6. Dekoriere deinen Pudding mit ein paar gehackten, gerösteten Erdnüssen und enjoy! Ist das nicht absolut himmlisch? Mein Favorit!

TIPP: Du kannst auch eine Haselnuss- oder Mandel-Variante zaubern, indem du Haselnussmus oder Mandelmus und geröstete Haselnüsse oder Mandeln verwendest.

GESUNDER MILCHREIS

35 min

Hormone health

100 g trockener Rundkornreis
500 ml Mandelmilch
200 ml Kokosmilch
100 g Kokosblütenzucker
1 Teelöffel Vanillepulver
1 Zimtstange
eine Prise Salz

Apfelkompott
3 große, geschälte und zerkleinerte Äpfel
60 ml Wasser
1 gehäufter Esslöffel Dattelsirup
Saft von 1 Zitrone

Topping
Zimt

1. Spüle den Reis, bis das Wasser klar ist.
2. Gib alle Zutaten in einen beschichteten Topf, damit nichts anbrennt, und bring sie bei mittlerer Hitze zum Kochen. Reduziere dann die Hitze auf mittlere bis niedrige Stufe und lass den Reis 25 Minuten lang köcheln. Rühre ihn gelegentlich um, damit er nicht kleben bleibt.
3. Schäle dafür die Äpfel und schneide sie in Stücke. Gib sie zusammen mit Wasser, Dattelsirup und Zitronensaft in einen Topf. Lass alles bei mittlerer Hitze für 25 bis 30 Minuten köcheln und rühre gelegentlich um.
4. Nimm die Zimtstange heraus, gib unser selbst gemachtes Apfelkompott darüber uuuund lass es dir schmecken! Wenn du kein Apfelkompott gemacht hast, schmeckt der Milchreis auch pur superlecker. Eines meiner Lieblingsessen aus der Kindheit – und jetzt ist es auch noch gesund! YAY!

TIPP: In einem Glasgefäß im Kühlschrank aufbewahrt, kann man das Apfelkompott jederzeit als Porridge- oder Milchreis-Topping genießen oder als Marmelade für mein Apfelkuchenrezept verwenden.

BESTES BIRCHER-MÜSLI

15 min

Low fat

Detox

4 große, geriebene Äpfel
80 g Haferflocken
500 ml Mandelmilch
4 Esslöffel frisch gemahlene Leinsamen
1 Teelöffel Vanilleextrakt
1 Teelöffel Zimt
3 bis 4 Esslöffel Kokosjoghurt
4 Esslöffel Rosinen
4 Esslöffel geröstete und zerkleinerte Mandeln

Toppings
eine Handvoll halbierte Weintrauben
150 g Blaubeeren
1 in Scheiben geschnittener Apfel
5 bis 6 frische, in Scheiben geschnittene Feigen
optional 1 bis 2 Esslöffel Ahornsirup oder Honig

1. Rasple zunächst die Äpfel und mahle die Leinsamen.
2. Gib die geriebenen Äpfel, die Haferflocken, die Mandelmilch, die gemahlenen Leinsamen, Vanille, Zimt, den Kokosjoghurt, die Rosinen und gehackte Mandeln in eine große Schüssel und mische alles gut durch.
3. Ein klassisches Bircher-Müsli muss über Nacht im Kühlschrank stehen, aber unsere supergesunde pflanzenbasierte Version ist in 5 Minuten fertig, YAY! Teile die Portion auf zwei Schüsseln auf und füge alle deine Lieblingstoppings hinzu. Ich liebe die Kombination aus Weintrauben, Blaubeeren, einem weiteren Apfel für den Extra-Crunch und ein paar frischen Feigen, wenn sie gerade Saison haben. Wenn du es etwas süßer magst, gib noch einen Löffel Honig oder Ahornsirup dazu. ENJOYYY!

CAROS MÜSLI

10 min

Raw

Low fat

Detox

40 g Haferflocken
2 Esslöffel frisch gemahlene Leinsamen
250 ml Wasser
2 geriebene Äpfel
2 Esslöffel Rosinen
1 Esslöffel zerkleinerte, geröstete Mandeln
150 g Blaubeeren
1 klein geschnittener Apfel
80 g Weintrauben, halbiert
optional Medjool-Datteln

1. Gib die Haferflocken, die gemahlenen Leinsamen und das Wasser in eine Schüssel und lass alles 30 Minuten lang einweichen. Das ist ideal als Vorbereitung am Vorabend.

2. Füge dann die geriebenen Äpfel, Rosinen, Mandeln, Blaubeeren, den klein geschnittenen Apfel und die Weintrauben hinzu. Wenn du willst, kannst du noch Datteln hinzufügen, um das Ganze noch sättigender zu machen. SO FRISCH, köstlich und perfekt zum Mitnehmen.

NUSSFREIES SUPERCRUNCH GRANOLA

1. Heize den Ofen auf 150 Grad Celsius vor.
2. Gib alle trockenen Zutaten außer die Rosinen in eine Schüssel und vermische sie gut.
3. Gieße den Dattelsirup dazu und rühre noch einmal gut um.
4. Verteile die Granolamischung auf einem mit Backpapier ausgelegten Backblech und backe sie 20 Minuten lang, rühre sie kurz um und backe sie weitere 20 Minuten.
5. Gib die Rosinen erst jetzt hinzu (mir sind sie schon zu oft im Ofen verbrannt … haha!), mische alles gut durch und bewahre das leckere Granola nach dem Abkühlen in einem Glas auf oder genieße es sofort. Ich liebe, wie knusprig das Granola nach diesem Rezept wird!

25 min

Nut free

Hormone health

35 g Kürbiskerne
30 g Sonnenblumenkerne
30 g Sesamkörner
40 g Quinoa
90 g roher Buchweizen
90 g gepuffter Buchweizen
1 Teelöffel Vanillepulver
½ Teelöffel Zimt
70 g Dattelsirup
50 g Sultaninen (Rosinen)

ZIMT BANANEN OVERNIGHT OATS

1. Weiche Haferflocken und Chiasamen in 250 ml Wasser über Nacht oder mindestens für 30 Minuten ein.
2. Gib Bananen, Datteln, Cashews, Vanille und Wasser in einen Mixer und püriere alles, bis es cremig ist.
3. Mische die Creme mit deiner Haferflocken- und Chiasamen-Mischung und verrühre alles gut.
4. Garniere deine Bowl mit Bananenscheiben und einer Prise Zimt (Beeren passen auch sehr gut) und lass es dir schmecken! Ich liebe die Oats direkt aus dem Kühlschrank. Perfekt, um es am Vorabend oder am Morgen zuzubereiten. ☺

10 min

Raw

Detox

Basis
40 g Haferflocken
2 Esslöffel Chiasamen
250 ml Wasser

Creme
2 reife Bananen
2 Medjool-Datteln
65 g Cashews
1 Teelöffel Vanillepulver
120 ml Wasser

Toppings
2 in Scheiben geschnittene Bananen
etwas Zimt

CARROT CAKE PORRIDGE

5 min

Raw

Detox

75 g Haferflocken
250 ml Wasser
1 große, geraspelte Karotte
2 Esslöffel Kokosraspeln
3 klein gehackte Medjool-Datteln
1 gehäufter Teelöffel Zimt
½ Teelöffel Vanillepulver

Toppings
Karamellsoße (5 Datteln, 125 ml Wasser)
4 Walnusshälften
1 geraspelte Karotte
1 Esslöffel Kokosraspeln

1. Gib alle Zutaten in eine Schale, mixe alles gut durch und stelle sie über Nacht in den Kühlschrank (oder alternativ auch nur für 30 Minuten).
2. Für die Karamellsoße: Mixe Wasser und Datteln in einem Mixer zu einer cremigen Paste. Mmmh – so lecker! Die Karamellsoße ist optional. Du kannst sie auch weglassen, wenn du den Porridge etwas leichter halten möchtest. Ich finde aber, sie gibt dem Ganzen das gewisse Extra. Gib alle anderen Toppings hinzu und guten Appetit! ☺

APFELKUCHEN PORRIDGE

15 min

Low fat

Nut free

2 bis 3 Äpfel
1 Teelöffel Zimt
1 Teelöffel Kokosblütenzucker

40 g Haferflocken
320 ml Wasser
3 zerkleinerte Medjool-Datteln
50 g Rosinen
1 Teelöffel Vanillepulver

1. Schäle die Äpfel, schneide sie in kleine Stücke und gib sie zusammen mit Zimt und Kokosblütenzucker in einen antihaftbeschichteten Topf. Lass sie bei mittlerer Hitze 10 bis 12 Minuten köcheln, bis sie goldgelb und weich werden. Füge nach der Hälfte der Zeit ein kleines bisschen Wasser hinzu.
2. Stelle den Topf beiseite und gib Haferflocken, Wasser, Datteln, Rosinen und Vanille in einen weiteren Topf und lass alles bei mittlerer Hitze 5 bis 6 Minuten köcheln, bis die Masse cremig ist. Fülle die köstlich duftenden Haferflocken in eine Servierschüssel, gib die Äpfel obendrauf und genieße deinen Porridge. Das ist der perfekte leckere Porridge für einen kuschligen Herbsttag!

BAKED BANANA PORRIDGE

10 min

Detox

Hormone health

40 g Haferflocken
360 ml Wasser
3 zerkleinerte Medjool-Datteln
1 Esslöffel Zimt
1 Esslöffel Mandelbutter

Toppings
1 bis 2 gebackene Bananen
150 g Blaubeeren
ein bisschen Zimt

1. Gib die Haferflocken und das Wasser in einen Topf und lass die Mischung bei mittlerer Hitze 5 bis 7 Minuten köcheln. Während die Haferflocken kochen, füge Datteln, Zimt und Mandelbutter hinzu. Das macht es extracremig und schön süß.
2. In der Zwischenzeit schäle und halbiere die Bananen, gib sie in eine antihaftbeschichtete Pfanne und brate sie von jeder Seite ein paar Minuten lang an. Ich streue gern ein bisschen Kokosblütenzucker darüber, das macht sie noch karamelliger.
3. Gib den Haferbrei in eine Schüssel, füge die gebackenen Bananen, Blaubeeren und noch etwas Zimt hinzu und lass es dir schmecken! YUM!

BASIC PORRIDGE

1. Gib die Haferflocken, das Wasser, die Datteln und optional Zimt und Vanille in einen Topf und lass das Ganzebei mittlerer Hitze 6 bis 7 Minuten köcheln, bis alles cremig ist. Rühre gegen Ende die Nussbutter unter, da sie nicht lange kochen muss.

2. Der perfekte Basic Porridge, der superlecker, wohltuend und gesund ist. Du kannst ihn mit deinen Lieblingstoppings verfeinern oder pur genießen.

Pssst: Wenn du ihn besonders cremig möchtest, kannst du 3 Medjool-Datteln mit 60 ml Wasser pürieren und unter den Porridge mischen.

5 min

Detox

Hormone health

40 g Haferflocken
250 ml Wasser
3 Medjool-Datteln, in kleine Stücke geschnitten
1 Esslöffel Nussbutter
(ich liebe Mandelbutter, aber Haselnuss- oder Erdnussbutter funktionieren genauso gut)

Optional
1 Teelöffel Vanillepulver
½ Teelöffel Zimt

SCHOKI ERDNUSS CHIA PUDDING

5 min

Raw

Caffeine

Basis
50 g Chiasamen
240 ml Wasser

Creme
2 reife Bananen
3 entsteinte Medjool-Datteln
1 Esslöffel Erdnussbutter (smooth oder crunchy)
2 Esslöffel Kakaopulver
120 ml Wasser

Toppings
1 Esslöffel geröstete und zerkleinerte Erdnüsse
2 in Scheiben geschnittene Bananen

1. Weiche die Chiasamen 15 Minuten oder besser noch über Nacht in Wasser ein. Wenn du nur 15 Minuten Zeit hast, nimm nur 120 ml Wasser.
2. Gib die Zutaten für die Creme in einen Mixer und püriere alles glatt. Rühre diese dann in den Chiasamen-Gelee ein und vermische alles gut. Füge die Toppings hinzu und enjoooy! Perfekt zum Mitnehmen in die Arbeit oder die Schule.

CAROS CHIA PUDDING

5 min

Raw

Detox

Basis
50 g Chiasamen
250 ml Wasser

Creme
3 Medjool-Datteln
2 reife Bananen
30 g Cashewnüsse
1 Teelöffel Zimt
½ Teelöffel Vanillepulver
125 ml Wasser

Toppings
200 g Beeren
200 g zerkleinerte Papaya

1. Weiche die Chiasamen 15 Minuten oder über Nacht in Wasser ein.
2. Gib Datteln, die Bananen, die Cashews, Zimt, Vanille und das Wasser in einen Mixer und püriere alles smooth.
3. Gib die Creme zur Chiapaste, mische alles gut durch und fülle sie in ein Glas. Gib die Beeren und Papaya hinzu und ENJOYYY! Ich gebe während des Essens immer gerne eine Extra-Portion Beeren hinzu, sobald die erste Schicht weg ist. Ein schnelles, einfaches, leckeres Frühstück oder Mittagessen und perfekt zum Einpacken für die Arbeit!

KARAMELL CHIA PUDDING

5 min

Raw

Hormone health

Basis
40 g Chiasamen
250 ml Wasser

Mandelmilch
40 g rohe Mandeln
250 ml Wasser
1 Teelöffel Vanillepulver

Karamell
6 Medjool-Datteln
2 reife Bananen
½ Teelöffel Vanillepulver
125ml Wasser
Optional: Esslöffel Mandelbutter

Toppings
1 in Scheiben geschnittene Banane
Optional: Kokosraspeln oder Kakaonibs

1. Weiche zunächst die Chiasamen über Nacht in Wasser ein. Alternativ kannst du auch weniger Wasser verwenden und sie nur 15 Minuten lang einweichen.
2. Gib Mandeln, Wasser und Vanille in einen Mixer und püriere alles, bis du eine glatte Milch erhältst. Fertig ist dein selbst gemachter Mandeldrink!
3. Vermische die Chiasamen-Mischung mit der Mandelmilch, rühre sie gut um und fülle sie in ein Glas.
4. Gib für das Karamell alle Zutaten in einen Mixer und püriere sie, bis sie smooth sind. Gieße das Karamell über die Chiasamen-Mischung, füge eine in Scheiben geschnittene Banane und optional Kokosraspel oder Kakaonibs hinzu.
Dies ist einer meiner Lieblings-Chiasamen-Puddings! So köstlich, dass er sich eher wie ein Dessert anfühlt. Außerdem ist er nahrhaft, er beinhaltet wirklich alles: gesunde Fette, Eiweiß, gesunde Kohlenhydrate. Und er macht satt!

B R A K E

FAST

NO-TELLA

5 min

Raw

Hormone health

6 große Medjool-Datteln
125 ml Wasser
3 gehäufte Esslöffel Haselnussbutter (oder braune Mandelbutter)
1 Esslöffel rohes Kakaopulver
½ große, zerdrückte Banane (oder 1 kleine Banane)

1. Gib die entsteinten Medjool-Datteln und Wasser in einen Food Processor und mixe, bis eine smoothe Paste entsteht.
2. Gib die Haselnussbutter (oder braune Mandelbutter ist auch sehr lecker), Kakaopulver und die pürierte Banane hinzu und verarbeite alles zu einer glatten Masse. Schon ist der köstlichste Schokiaufstrich fertig!

Man kann ihn in ein Glasgefäß füllen und im Kühlschrank vier bis fünf Tage aufbewahren, aber bei mir ist er immer innerhalb eines Tages weg. Ich habe das jetzt schon eine Million Mal gemacht und der Aufstrich ist einfach das Beste überhaupt! Wenn du früher ein Fan von Nutella-Toasts warst, ist das deine neue Sucht – und sie ist sogar gut für dich, yay! Ich liebe den Schokoaufstrich auf meinem getoasteten Fitness-Brot. Das ist die perfekte Kombi!

FITNESS PANCAKES

10 min

Low fat

Nut free

90 g Hafermehl
½ Teelöffel Zimt
1 Teelöffel Backpulver

1 Banane
2 Medjool-Datteln
120 ml Wasser oder Mandelmilch

1 in Scheiben geschnittene Banane
1 Esslöffel Kokosblütenzucker

Toppings
6 Medjool-Datteln
240 ml Wasser
1 Teelöffel Vanillepulver
1 Teelöffel Zimt

1. Gib das Hafermehl, den Zimt und das Backpulver in eine Schüssel und mische alles gut.
2. Banane, Medjool-Datteln und Wasser oder Mandelmilch gibst du dann in einen Mixer und pürierst es zu einer cremigen Masse.
3. Füge anschließend die Creme zur Mehlmischung hinzu und verrühre alles gut. Forme kleine Pfannkuchen in der Pfanne und lege ein paar Bananenscheiben drauf. Streue noch etwas Kokosblütenzucker als Topping darüber! ☺ Das ist ein absolutes Highlight und macht sie sooo lecker. Backe sie auf jeder Seite etwa 3 Minuten lang.
4. Toppe diese leckeren Mini-Pfannkuchen mit meiner Lieblings-Karamellsoße, indem du Datteln, Wasser und Vanille in einen Mixer gibst und so lange pürierst, bis alles cremig ist. SOOO LECKER!

CAROS BANANENBROT

70 min

Caffeine

Hormone health

Basis
3 große, reife Bananen
150 g Haferflocken
1 Teelöffel Vanillepulver
3 Esslöffel Mandelbutter

Karamellsoße
4 große Medjool-Datteln
120 ml Wasser

Toppings
1 bis 2 in Scheiben geschnittene Bananen
½ bis 1 in Stückchen geschnittener Schokoriegel
Kokosblütenzucker zum Bestreuen

1. Heize den Backofen auf 180 Grad Celsius vor.
2. Stelle zuerst deine Karamellsoße aus Datteln und Wasser in einem Mixer her.
3. Gib dann das Karamell, die reifen Bananen, die Haferflocken, Vanille und Mandelbutter in einen Food Processor und vermenge alles, bis du einen cremigen Teig erhältst.
4. Gieße die Mischung in eine mit Backpapier ausgelegte Backform, dekoriere sie mit in Scheiben geschnittenen Bananen, Schokistückchen und Kokosblütenzucker und backe das Bananenbrot für 60 Minuten. Ich lass es gerne komplett auskühlen. SO einfach und SO lecker!

PLANTAIN CHIPS

1. Schäle die Kochbananen und schneide sie in 2 cm dicke Stücke.
2. Gib sie in den Airfryer, streue etwas Kokosblütenzucker darüber und backe sie für 15 Minuten bei 190 Grad Celsius. Drehe sie nach der Hälfte der Zeit um und füge eventuell noch etwas Kokosblütenzucker hinzu. SOOO LECKER und einfach zu machen! Der perfekte schnelle Snack für die ganze Familie.

20 min

Low fat

Nut free

3 bis 4 geschälte und in Scheiben geschnittene Kochbananen
1 Esslöffel Kokosblütenzucker

SKINNY SCHOKI MILCHSHAKE

Gib alle Zutaten in einen Mixer und mixe so lange, bis alles cremig ist. Ich könnte mich reinlegen, SOOOO GUT!

5 min

Raw

Nut free

3 bis 4 gefrorene Bananen
300 bis 500 ml Wasser
1 gehäufter Esslöffel rohes Kakaopulver
optional 1 Esslöffel Erdnussbutter
optional 3 Medjool-Datteln

MEIN LIEBSTER GRÜNER SMOOTHIE N° 1: DER KLASSIKER

5 min

Detox

Low fat

1 ganzes Bündel Sellerie (ca. 6 Stängel)
4 Blätter Grünkohl (ohne Stiele)
Saft von 2 Zitronen
4 gefrorene Bananen
1 kleine Orange
500 ml Wasser

Gib alle Zutaten in einen Mixer und mixe sie, bis sie smooth sind. So erfrischend und LEEECKER! Wie gut fühlt es sich an, all diese frischen und nahrhaften Lebensmittel zu sich zu nehmen? Yum!

MEIN LIEBSTER GRÜNER SMOOTHIE Nº 2: SPINAT ANANAS SMOOTHIE

Gib alle Zutaten in einen Mixer und mixe sie, bis sie smooth sind. So erfrischend und so gut! Ich liebe meine grünen Smoothies wirklich sehr und sehe schon nach ein paar Tagen immer sofort eine Veränderung an meiner Haut, meiner Verdauung und ich habe weniger Gelüste.

5 min

Detox

Low fat

1 ganzes Bündel Sellerie (ca. 6 Stängel)
3 Handvoll Spinat
4 gefrorene Bananen
½ reife Ananas
Saft von 2 Zitronen
500 ml Wasser

MEIN LIEBSTER GRÜNER SMOOTHIE N° 3: PETERSILIE MANGO SMOOTHIE

Gib alle Zutaten in einen Mixer und mixe sie, bis sie smooth sind. Die Mengen ergeben ungefähr drei Gläser und ich empfehle dir sehr, alles zu trinken. Je mehr, desto besser bei grünen Smoothies!

5 min

Detox

Low fat

1 ganzes Bündel Sellerie (ca. 6 Stängel)
2 Büschel Petersilie
4 gefrorene Bananen
200 g frische oder gefrorene Mango
Saft von 2 Zitronen
500 ml Wasser

LUNCH

DINNER

TOFU SCRAMBLE

10 min

Hormone health

Basis
2 Scheiben Sauerteigbrot
1 Frühlingszwiebel
150 g fester oder extrafester Tofu
eine Handvoll Kirschtomaten

Cashew-Creme
30 g Cashewnüsse
60 ml Wasser
½ Teelöffel Salz

½ Teelöffel geräucherter Paprika
½ Teelöffel Kurkumapulver

Toppings
Avocado
frischer Schnittlauch
schwarzer Pfeffer

1. Nimm den Tofu aus der Verpackung und drücke das überschüssige Wasser mit einem Papiertuch heraus oder indem du einen Teller obendrauf presst. Der Tofu sollte so trocken wie möglich sein.
2. Schneide die Frühlingszwiebel in feine Scheiben und gib sie zusammen mit dem Tofu und den Kirschtomaten in eine antihaftbeschichtete Pfanne. Brate sie bei mittlerer Hitze an, bis sie leicht golden sind. Das dauert etwa 5 bis 6 Minuten.
3. In der Zwischenzeit bereitest du die Cashew-Creme zu. Gib dazu alle Zutaten in einen kleinen Mixer und püriere sie cremig.
4. Gib die Cashew-Creme in die Pfanne, füge den geräucherten Paprika und Kurkuma hinzu und lass alles noch ein wenig köcheln.
5. Ich esse mein Tofu-Rührei am liebsten auf getoastetem Sauerteigbrot, belegt mit frischer Avocado, Schnittlauch und schwarzem Pfeffer. SO LECKER!

HERBI HUMMUS

Gib alle Zutaten in einen Food Processor und mixe, bis alles cremig ist. Ich liebe dieses Rezept, weil es viel leichter und kalorienärmer ist als normaler Hummus und du bekommst Extra-Nährstoffe von den frischen Kräutern. Ein Win-win-win! Ich liebe den Hummus mit Möhren als Snack und er schmeckt auch superlecker als Salatdressing, mit meinen Crackern oder meinem gesunden Brot!

10 min

Nut free

Low fat

1 kleine, rohe Zucchini (100 g)
1 Bund Schnittlauch
1 Bund Basilikum oder Dill
Saft von 1 Zitrone
eine Prise Salz
120 g gekochte Kichererbsen
2 Esslöffel Tahini
60 ml Wasser

MOM'S HUMMUS

1. Gib alle Zutaten in einen Food Processor oder einen Mixer und püriere alles cremig.
2. Fülle den leckeren Hummus in eine Servierschüssel um und genieße ihn mit frischem Gemüse, geröstetem Brot oder als Salatdressing!

10 min

Nut free

Low fat

300 g gekochte Kichererbsen
80 ml Kichererbsenwasser aus der Kichererbsendose
2 Esslöffel Tahini
Zitronensaft
2 kleine, geschälte, rohe Zucchini (insgesamt 200 g)
1 Teelöffel Salz (optional)

MULTI-SEED CRACKER

60 min

Detox

Hormone health

170 g goldene Leinsamen
(mahlen, um Leinsamenmehl zu erhalten)
30 g Sonnenblumenkerne
30 g Kürbiskerne
90 g Sesam
120 ml Wasser
1 Teelöffel rosa Himalaya-Salz
1 Esslöffel Mandelbutter

1. Gib zuerst Leinsamen in den Mixer und mahle sie so lange, bis du Mehl erhältst.
2. Gib das Leinsamenmehl, die Sonnenblumenkerne, die Kürbiskerne, den Sesam, das Wasser und das Salz in eine Schüssel und lass alles 15 bis 30 Minuten quellen.
3. Heize den Backofen auf 170 Grad Celsius vor.
4. Gib die Mischung in einen Mixer, füge die Mandelbutter hinzu und mixe alles kurz grob.
5. Verteile die Samenmischung auf einem mit Backpapier ausgelegten Backblech und benutze ein weiteres Blatt Backpapier, um den Teig ganz flach zu drücken, so bleibt er nicht an den Händen kleben (wichtig!). Je dünner du ihn drückst, desto knuspriger werden deine Cracker! ☺
6. Backe die Cracker 30 Minuten lang, drehe sie dann um (benutze wieder das zweite Blatt Backpapier, damit der Teig noch nicht bricht).
7. Backe sie weitere 20 Minuten, lass sie dann vollständig abkühlen und brich sie in Stücke. Ich liebe diese Cracker extrem und mache sie immer wieder. Perfekt, um supereinfach deinen Salat aufzupeppen, mit Hummus oder als Avocado-Toast-Alternative. Sie sind auch eine großartige Omega-3-Quelle und viel günstiger als eine gekaufte Version.

TOMATEN SPINAT QUICHE

45 min

Low fat

Nut free

90 g Buchweizenmehl
50 g Hafermehl (Hafer mahlen)
1 Teelöffel Backpulver
1 Teelöffel Salz
240 ml Wasser
½ Bund Dill, gehackt
1 große Handvoll Spinat, gehackt
3 reife Tomaten oder 140 g Kirschtomaten, in Scheiben geschnitten
4 Champignon-Pilze
optional eine Handvoll Lauch, in dünne Scheiben geschnitten

1. Gib das Hafermehl, das Buchweizenmehl, das Backpulver, das Salz und 240 ml Wasser in einen Mixer und püriere alles zu einem glatten Teig. Gib den Teig in eine Schüssel und heize den Ofen auf 200 Grad Celsius vor.
2. Entstiele die Pilze und brate sie 10 Minuten lang an. Schneide anschließend die Pilze in Scheiben und füge sie dem Teig hinzu.
3. Gib den gehackten Dill, den Spinat und die Tomaten zum Teig und mische alles gut durch. Ich werfe den Dill und den Spinat gerne in einen Food Processor, um ihn wirklich fein zu hacken. Aber man kann es auch einfach mit einem Messer machen.
4. Gib den Teig in eine 15 cm große, mit Backpapier ausgelegte Backform und backe ihn 35 Minuten lang. Lass ihn dann abkühlen, bevor du ihn genießt. Ich mag die Quiche am liebsten bei Zimmertemperatur und stelle sie deshalb normalerweise für 15 Minuten in den Kühlschrank, damit sie schneller abkühlt. Bevor ich vegan wurde, war ich süchtig nach Spinat-Käse-Quiche, wie du ja schon weißt, und ich bin echt froh, dass es jetzt diese supergesunde, leckere Alternative gibt. Sie ist auch perfekt zum Mitnehmen etwa in die Arbeit und eignet sich hervorragend zum Vorbereiten am Vortag.

FITNESSBROT

70 min

Detox

Hormone health

200 g Haferflocken
70 g Sonnenblumenkerne
70 g Kürbiskerne
90 g Leinsamen
5 Esslöffel Chiasamen
3 Esslöffel Flohsamenschalenpulver
1 Teelöffel Salz
500 ml Wasser
optional 1 Esslöffel Ahornsirup

1. Heize den Backofen auf 175 Grad Celsius vor.
2. Vermische alle trockenen Zutaten.
3. Gib Wasser und Ahornsirup hinzu und lass alles 10 bis 20 Minuten lang quellen.
4. Fülle dann die Mischung in die mit Backpapier ausgelegte Backform und backe das Brot 30 Minuten lang. Drehe es dann vorsichtig um und lege es auf das mit Backpapier ausgelegte Blech ohne Backform und backe es weitere 30 Minuten. Lass es abkühlen. Du kannst es außerdem ein paar Tage lang aufbewahren.

TIPP: Verwende zur Abwechslung gemahlene Leinsamen und probiere 35 g Sonnenblumenkerne und 35 g Sesam aus anstatt nur Sonnenblumenkerne.

VEGANER FRISCHKÄSE

1. Gib Cashews, Wasser und Salz in einen Mixer und püriere alles, bis es cremig ist.
2. Füge dann die Creme in eine Schüssel und gib noch frische Kräuter hinzu. Fülle die Mischung in einen Nussmilchbeutel um und drücke die überschüssige Flüssigkeit heraus.
3. Lass den Frischkäse im Nussmilchbeutel, forme ihn zu einer Kugel und stelle ihn über Nacht in den Kühlschrank. Nimm ihn am nächsten Tag aus dem Nussmilchbeutel – und fertig ist der gesunde, leckere Frischkäse! Am liebsten mag ich ihn auf meinem glutenfreien Fitnessbrot mit frischen Tomaten obendrauf.

10 min

Raw

Hormone health

200 g Cashews
120 ml Wasser
1 Teelöffel rosa Himalaya-Salz
frischer Dill und Schnittlauch

KABOCHA SQUASH TOAST

45 min

Nut free

Low fat

1 Kabocha-Kürbis
2 gelbe Zwiebeln, in feine Scheiben geschnitten
2 Esslöffel Olivenöl
eine Prise rosa Himalaya-Salz
3 Esslöffel Apfelessig
3 Esslöffel Ahornsirup

5 Scheiben frisches Sauerteigbrot
2 Löffel Kokosjoghurt pro Brotscheibe
frische Minze, klein gehackt

1. Heize den Ofen auf 200 Grad Celsius vor. Schneide den Kürbis in 2 cm dicke Scheiben und backe ihn (auf Backpapier) etwa 45 Minuten lang, bis er weich und leicht golden ist. Danach kannst du ganz einfach die dicke Schale vom Kürbis abziehen. Den Kabocha-Kürbis kann man auch problemlos mit Schale essen, aber hier nehmen wir nur das Innere, um eine schöne orange Farbe zu erhalten.
2. Gib in der Zwischenzeit die Zwiebeln in eine antihaftbeschichtete Pfanne zusammen mit dem Olivenöl und einer Prise Salz und brate sie ca. 15 Minuten lang an, bis sie weich werden.
3. Gib Apfelessig und Ahornsirup dazu und lass alles weitere 15 Minuten auf niedriger Hitze köcheln, bis eine marmeladenähnliche, karamellige Masse entstanden ist.
4. Mische den Kürbis unter die Zwiebeln und toaste das Sauerteigbrot.
5. Bestreiche das getoastete Brot mit etwas Kokosjoghurt. Die Kühle vom Kokosjoghurt und die leicht warme Kürbismischung sind einfach die beste Kombi! Streue noch etwas frische Minze darüber und fertig ist der Supertoast. Einfach immer wieder ein Hit!

TOMATEN BRUSCHETTA

10 min

Nut free

Low fat

10 Pflaumentomaten
150 bis 300 g Kirschtomaten
1 Strauß frisches Basilikum
1 Schalotte
Saft von 1 Zitrone
eine Prise rosa Himalaya-Salz
optional 1 Esslöffel italienische Kräuter
optional 1 Esslöffel Olivenöl

5 Scheiben frisches Sauerteigbrot

1. Schneide die Schalotte, das Basilikum und die Tomaten klein und gib alles in eine Schüssel.
2. Gib einen Spritzer Zitronensaft hinzu und je nach Belieben auch etwas Olivenöl, Salz und italienische Kräuter.
3. Lass das Ganze etwa 20 Minuten ziehen. So kommen die Aromen am besten zur Geltung.
4. Toaste das Sauerteigbrot und gib eine großzügige Schicht Tomatenaufstrich darauf. Schon ist es servierbereit! SOOO LECKER!

TIPP: Der ganze Geschmack hängt von den Tomaten ab, deshalb ist es hier entscheidend, reife, hochwertige Tomaten zu verwenden.

CAROS LIEBLINGS AVOCADO TOAST

1. Toaste das Brot.
2. Schneide die Avocado in Scheiben oder zerdrücke sie mit einer Gabel. Je reifer die Avocado ist, desto besser.
3. Füge noch einen Spritzer Zitronensaft, geröstete Samen und optional frischen Rucola hinzu. So lecker! Ich liebe es auch, alles zu vermengen und mit gerösteten Tomaten zu toppen.

5 min

Nut free

Hormone health

2 Scheiben frisch getoastetes Sauerteigbrot oder mein Fitnessbrot
1 bis 2 Avocados (optional: mit einer Gabel zerdrückt)
2 Esslöffel geröstete Kürbis- und Sonnenblumenkerne
frischer Zitronensaft
optional frischer Rucola, geröstete Tomaten

GEBACKENER BLUMENKOHL

1. Koche den Blumenkohl 5 Minuten lang in Wasser.
2. Lass ihn dann 10 Minuten trocknen und benutze ein Küchentuch, um ihn vollständig abzutrocknen.
3. Heize den Backofen auf 220 Grad Celsius vor.
4. Mische Olivenöl, Salz, Kräuter und Gewürze und verteile alles mit einem Pinsel gleichmäßig auf dem Blumenkohl.
5. Backe den Blumenkohl für 25 bis 30 Minuten und bereite in der Zwischenzeit den leckeren Dip zu.
6. Gib für die grüne Tahinisoße alle Zutaten in einen Mixer und püriere sie cremig.
7. Gieße die Soße über deinen köstlich duftenden, gebratenen Blumenkohl, füge noch ein paar frische Kräuter hinzu und ENJOOOY! So lecker und so schön dekorativ, perfekt für jede Dinnerparty.

50 min

Nut free

Detox

Basis
1 ganzer Blumenkohl
2 Esslöffel Olivenöl
eine Prise Salz
1 bis 2 Esslöffel italienische Kräuter
1 Teelöffel Kurkumapulver
½ Teelöffel geräucherter Paprika
1 Teelöffel gemahlener Kreuzkümmel

Grüne Tahinisoße
½ Fenchelkopf
1 Bund Petersilie
1 Bund Dill
1 Bund Schnittlauch
Saft von 1 Zitrone
2 bis 3 Esslöffel Tahini
60 ml plus 2 Esslöffel Wasser

SÜSS-KARTOFFEL AVOCADO SUSHI

1. Backe die Süßkartoffel 50 bis 60 Minuten bei 200 Grad Celsius. Es spart echt viel Zeit, wenn man viele gebackene Süßkartoffeln im Kühlschrank aufbewahrt!
2. Koche den Reis laut Packungsanleitung.
3. Nimm die Nori-Blätter, gib ⅓ vom Reis, ⅓ der geschälten Süßkartoffel, eine halbe Avocado und einige Sesamkörner darauf. Rolle alles zusammen und wiederhole den Vorgang für die anderen beiden Rollen.
4. Nimm ein scharfes Messer und schneide jede Rolle in 5 bis 6 Stücke. Ich liebe vegetarisches Sushi und esse es ständig. Es ist so einfach, lecker und sättigend.

60 min

Nut free

Hormone health

1 große, gebackene Süßkartoffel
270 g gekochter weißer oder brauner Reis
1,5 Avocados
2 bis 3 Esslöffel Sesamsamen
3 Nori-Blätter

KARTOFFEL-GRATIN

1. Heize den Backofen auf 200 Grad vor.
2. Weiche dann die Cashews in Wasser ein.
3. Schäle die Kartoffeln, schneide sie in Scheiben und schichte sie in eine mit Backpapier ausgelegte Backform.
4. Spüle die Cashewkerne ab und gib sie zusammen mit allen anderen Zutaten für die Creme in einen Mixer und püriere sie, bis sie cremig sind. Gieße dann die Creme über die Kartoffeln. Lass sie 50 bis 60 Minuten lang backen und anschließend abkühlen.

Dies ist eines meiner absoluten liebsten Rezepte! So köstlich und um einiges leichter als ein normales Kartoffelgratin.

60 min

Low fat

Detox

4 bis 5 große, geschälte und am besten mit einem Gemüseschneider in dünne Scheiben geschnittene Backkartoffeln

Creme
65 g eingeweichte Cashewkerne
1 rohe, geschälte Zucchini
1 Esslöffel Apfelessig
Saft von 1 Zitrone
120 ml Wasser
1 Teelöffel Salz

SÜSS-KARTOFFEL POMMES MIT JOGHURTDIP

30 min

Nut free

Detox

2 bis 3 große Süßkartoffeln

Joghurtdip
⅓ große, in kleine Würfel geschnittene Salatgurke
½ Bund Dill, gehackt
½ Bund Schnittlauch, gehackt
250 g Kokosjoghurt
Zitronensaft
Salz, Pfeffer

1. Dämpfe oder koche die ganzen Süßkartoffeln 20 bis 30 Minuten lang.
2. Lass sie anschließend abkühlen und heize in der Zwischenzeit den Backofen auf 200 Grad Celsius vor.
3. Schneide die Süßkartoffeln in Spalten und lege sie auf ein mit Backpapier ausgelegtes Blech. Backe sie 40 Minuten lang, bis sie goldbraun und knusprig sind ODER airfrye sie 20 Minuten lang bei 190 Grad Celsius.
4. Für den Joghurtdip schneidest du frische Kräuter und die Gurke klein und gibst sie zusammen mit dem Kokosjoghurt, Zitronensaft, Salz und Pfeffer in eine Schüssel. Ich liebe diesen Dip! Er ist so erfrischend, wenn er einige Zeit im Kühlschrank gekühlt wurde (während die Pommes frites gebacken werden.)

TIPP 1: Die Zubereitung dauert nur 20 Minuten, wenn man vorgekochte Süßkartoffeln im Kühlschrank hat.
TIPP 2: Wenn du deine Süßkartoffeln besonders knusprig magst, kannst du einen Spritzer Öl dazugeben.
TIPP 3: Verwende beim nächsten Mal normale Kartoffeln. Das ist auch eine super Kombi!

KARTOFFEL-CRISPIES MIT GRÜNEM CASHEWDIP

1. Dämpfe die Kartoffeln für 20 Minuten und lass sie abkühlen. Das ist perfekt für einen Meal-Prep-Tag! Denn die Kartoffeln werden sogar noch knuspriger, wenn sie über Nacht im Kühlschrank waren.
2. Schneide die Kartoffeln in Spalten und airfrye sie 20 Minuten lang bei 180 Grad Celsius, bis sie golden und knusprig sind.
3. Gib alle Zutaten für den Dip in einen Mixer und püriere sie, bis sie smooth sind. soooo einfach und sooo lecker!! Alle lieben dieses Rezept.

40 min

3 bis 4 große Backkartoffeln

Grüner Cashew-Dip
65 g Cashews
120 ml Mandelmilch
½ Bund Petersilie
½ Bund Schnittlauch
Saft von 1 Zitrone
optional 1 Teelöffel Ahornsirup

POTATO FRIES MIT BBQ-KETCHUP

1. Koche oder dämpfe die Kartoffeln für 25 Minuten. Lass sie danach abkühlen, schneide sie in Wedges, gib sie 15 Minuten lang in deinen Airfryer oder backe sie bei 200 Grad 20 bis 30 Minuten lang im Ofen.
2. Weiche die sonnengetrockneten Tomaten 10 Minuten lang in Wasser ein, während die Kartoffeln im Airfryer knusprig werden.
3. Gib alle Ketchup-Zutaten in einen Food Processor und verarbeite sie zu einer cremigen Masse. Es spart unglaublich viel Zeit, wenn man einige Süßkartoffeln im Voraus backt und im Kühlschrank parat hat. Yummmm so so lecker!!!

Low fat

Nut free

Detox

4 bis 5 große Kartoffeln

BBQ-Ketchup
1 große, gebackene und geschälte Süßkartoffel
1 Medjool-Dattel
1 Esslöffel Tahini
5 sonnengetrocknete, eingeweichte Tomaten
2 Esslöffel Tomatenmark
1 Esslöffel Apfelessig
60 ml Wasser

KARTOFFEL SALAT

30 min

Nut free

Detox

1 kg gekochte und geschälte Kartoffeln (etwa 10 mittelgroße Kartoffeln)

Soße
240 ml Gemüsebrühe
1 Esslöffel Olivenöl
1 Esslöffel Dijonsenf
1 Esslöffel Apfelessig

Optional
½ bis 1 Bund Dill, zerkleinert
½ bis 1 Bund Schnittlauch, zerkleinert
½ bis 1 rote, fein gehackte Zwiebel
½ Gurke, in kleine Würfel geschnitten

1. Dämpfe oder koche die Kartoffeln 20 bis 25 Minuten lang und lass sie abkühlen. Mein Tipp: Koche am Abend vorher eine große Menge Kartoffeln und lagere sie über Nacht im Kühlschrank. Das macht deinen Kartoffelsalat noch gesünder, denn die Stärke in den Kartoffeln verwandelt sich in resistente Stärke, wenn sie abgekühlt sind. Schäle die Kartoffeln, schneide sie in Scheiben und gib sie in eine Schüssel.
2. Vermische alle Zutaten für die Soße gut miteinander und mische sie unter die Kartoffeln.
3. Füge die gehackte Zwiebel, die frischen Kräuter und die Gurke (optional) hinzu – ich liebe es, wenn viele frische Kräuter dabei sind! Voilà, fertig ist dein köstlicher Kartoffelsalat. Er eignet sich perfekt als vollwertige Mahlzeit mit meinem grünen CARO-Salat oder als Grillbeilage oder bei Festessen für die ganze Familie. Diesen Salat lieben alle!

CREMIGE PAPRIKA PASTA

1 Portion

15 min

Hormone health

130 g Penne aus braunem Reis

Soße
65 g eingeweichte Cashewkerne
120 ml Wasser
eine Prise rosa Himalaya-Salz
1 Esslöffel Apfelessig
1 Esslöffel Nutritional Yeast
4 sonnengetrocknete Tomaten
1 Esslöffel italienische Kräuter
1 kleine bis mittelgroße, rote Paprikaschote

optional Basilikum, schwarzer Pfeffer

1. Koche die Nudeln laut Packungsanleitung.
2. Weiche in der Zwischenzeit die Cashews ein und spüle sie anschließend gut ab.
3. Gib alle Zutaten für die Soße in einen Mixer und püriere sie, bis sie smooth sind.
4. Mische die Soße unter die fertige Pasta, garniere sie mit frischem Basilikum und schwarzem Pfeffer und genieße sie! Ich liebe es, wie cremig diese Pasta ist, und durch die rote Paprika nimmt man jede Menge Vitamin C zu sich. Win-win!

TIPP: Für eine cremige Tomatensoße kannst du statt der roten Paprika auch 300 g gebratene oder gebackene Tomaten verwenden.

GESUNDE CARBONARA

1 Portion

15 min

Hormone health

130 g glutenfreie Tagliatelle
6 Champignons
optional ½ rote, gehackte Zwiebel
optional 1 gehackte Knoblauchzehe

Soße
130 g eingeweichte Cashews
125 ml Wasser
eine Prise rosa Himalaya-Salz
125 ml Gemüsebrühe
80 g gefrorene, grüne Erbsen
frische Petersilie und Pfeffer

1. Koche die Tagliatelle laut Packungsanweisung.
2. Brate die Champignons, optional die Zwiebel und den Knoblauch in einer antihaftbeschichteten Pfanne an und würze sie mit Salz und schwarzem Pfeffer.
3. Für die Soße gibst du die Cashewkerne, das Wasser und eine Prise rosa Himalaya-Salz in einen Mixer und pürierst alles cremig. Gib die Creme in die Pfanne und füge 120 ml Gemüsebrühe und Erbsen hinzu.
4. Rühre dann die Nudeln unter und garniere sie mit Pfeffer und Petersilie und genieße diese himmlisch leckere Pasta!

AVOCADO PESTO

1 Portion

1. Koche die Nudeln laut Packungsanweisung.
2. Während die Nudeln kochen, brate die Kirschtomaten für 10 Minuten an (oder backe sie im Ofen oder lass sie einfach roh).
3. Püriere alle Zutaten für die Soße in einem Mixer cremig und mische die Spaghetti unter.
4. Garniere sie mit den gerösteten Kirschtomaten und frischem Basilikum und GENIESSE sie!

15 min

Hormone health

Basis
130 g Farro-Spaghetti
160 g Kirschtomaten
1 bis 2 Esslöffel italienische Kräuter

Soße
1 Sträußchen frisches Basilikum
½ große oder 1 kleine Avocado
65 g eingeweichte Cashewnüsse
eine Handvoll frischer Babyspinat
Saft von 1 Zitrone
120 ml (Nudel-)Wasser
Salz und Pfeffer
optional 1 Knoblauchzehe

Topping
frisches Basilikum

MAC & CHEESE

1 Portion

25 min

Hormone health

Basis
130 g glutenfreie Nudeln deiner Wahl
2 mittelgroße, geschälte, goldene Kartoffeln
1 große Karotte
360 ml Gemüsebrühe

Creme
80 g eingeweichte Cashewnüsse
½ Teelöffel Kurkumapulver
Saft von 1 Zitrone
eine Prise rosa Himalaya-Salz
optional 30 g Nutritional Yeast

1. Koche die Kartoffeln und Karotten in 360 ml Gemüsebrühe etwa 20 Minuten lang.
2. Gib die Nudeln nach 10 Minuten hinzu und koche sie laut Packungsanweisung.
3. Nimm die Kartoffeln und Karotten aus dem Topf und gib sie zusammen mit allen anderen Zutaten für die Creme und einem Spritzer der Gemüsebrühe in einen Mixer und püriere alles cremig.
4. Rühre die Soße unter die abgetropften Nudeln und genieße die Pasta! Ein so einfaches Nudelgericht, das auch für Kinder super geeignet ist!

SALATE

CARO SALAT UND DRESSING

1. Wasche und schneide zunächst das gesamte Gemüse klein und gib alles in eine Salatschüssel.
2. Gib alle Zutaten für das Dressing in einen Mixer und püriere sie, bis sie smooth sind.
3. Mische das Dressing mit dem Salat, streue Salatkräuter obendrauf und fertig! Ich mache eine Variante von diesem Salat täglich und liebe es, ihn in Nori-Blätter zu wickeln, um das ultimative Salat-Erlebnis zu haben! Das ist einfach das Allerbeste.

CARO-Dressing N° 1
1 kleine, rohe Zucchini
eine Handvoll Stangensellerie
1 Bund Dill (oder Basilikum)
1 Bund Schnittlauch
Saft von 1 Zitrone
1 Esslöffel Apfelessig
2 Esslöffel Kürbiskerne
80 bis 120 ml Wasser
optional 1 Medjool-Dattel

CARO-Dressing N° 2
1 kleine, rohe Zucchini
½ Fenchelkopf
1 Bund Schnittlauch
1 Bund Basilikum (oder Dill)
1 Esslöffel Apfelessig
2 Esslöffel Kürbiskerne oder 4 bis 5 Paranüsse
80 bis 120 ml Wasser
optional 1 Medjool-Dattel

CARO-Dressing N° 3
eine Handvoll Stangensellerie
1 kleine Zucchini
1 Bund frischer Schnittlauch oder Dill
Saft von 1 Zitrone
1 Esslöffel Apfelessig
2 Esslöffel Kürbiskerne
1 Esslöffel Dijonsenf

Salat
Verschiedene Salatsorten wie z. B. Eskariol, Frisée, Rucola, Radicchio, Römersalat
4 bis 5 reife Tomaten
½ große Gurke oder ein paar persische Minigurken
1 reife Avocado
1 Esslöffel Salatkräuter

BAKED CARROT AVOCADO SALAD

30 min

Nut free

Detox

1 große Schüssel mit Blattsalaten
150 g Kirschtomaten
1 reife Avocado
1 Esslöffel Kürbiskerne
1 Esslöffel Sonnenblumenkerne
5 gebackene Karotten

Das beste Dressing
1 rohe Zucchini
1 Handvoll Stangensellerie
½ Bund frisches Basilikum
½ Bund frischer Schnittlauch
Saft von 1 Zitrone
2 Esslöffel Kürbiskerne
1 Esslöffel Apfelessig
100 ml Wasser
optional 1 Medjool-Dattel

1. Dämpfe die Karotten für 10 Minuten. Gib sie dann für 20 Minuten bei 200 Grad in den Airfryer oder backe sie für 30 Minuten bei 200 Grad auf Backpapier im Ofen. Lass sie dann vollständig auskühlen. Du kannst die Karotten auch am Vortag vorbereiten und eine doppelte Portion machen. Sie schmecken noch besser, wenn sie vollständig abgekühlt sind, und halten im Kühlschrank problemlos drei bis vier Tage.
2. Gib alle Zutaten für das Dressing in einen Mixer und püriere alles cremig. Mische das Dressing unter den grünen Salat und füge die restlichen Salatzutaten hinzu.
Ich liebe die Kombination aus gebackenen Karotten und reifer Avocado. Einfach köstlich!

PESTO ZOODLES

15 min

Raw

Nut free

Detox

Basis
3 große, rohe Zucchini, julienne geschält
160 g (oder mehr) Kirschtomaten
80 g schwarze und grüne Oliven
6 bis 8 sonnengetrocknete Tomaten, 10 Minuten in Wasser eingeweicht
2 Esslöffel Sonnenblumen- und Kürbiskerne, geröstet
1 Avocado

Pesto
übrig gebliebene Zucchinistängel (YAY, kein Abfall!)
1 Handvoll Sellerie oder ½ Fenchelkopf
1 großer Bund Basilikum
2 Esslöffel Kürbiskerne (Pinienkerne passen auch super)
1 Esslöffel Apfelessig
Saft 1 Zitrone
60 ml Wasser (mehr, wenn nötig)

1. Röste die Sonnenblumen- und Kürbiskerne in einer beschichteten Pfanne für ein paar Minuten.
2. Weiche dann die sonnengetrockneten Tomaten in Wasser ein.
3. Schäle die Zucchini mit einem Julienneschäler. Ich mag das viel lieber, als einen Spiralisierer zu benutzen. Außerdem sind die Zucchini so leichter verdaulich.
4. Gib alle Pesto-Zutaten in einen Mixer und püriere sie, bis sie smooooth sind. Wie viel Gesundheit da drinsteckt! Mische dann die Soße unter die Zoodles, wasche die sonnengetrockneten Tomaten, hacke sie klein und füge sie mit den Kirschtomaten, den gerösteten Kernen, den Oliven und der Avocado den Zoodles hinzu. ENJOOOY!

TABOULÉ SALAT

1. Koche den Quinoa nach der Verpackungsanweisung. Das lässt sich auch gut im Voraus erledigen.
2. Mische alle Salatzutaten mit dem Quinoa.
3. Gib alle Zutaten für das Dressing in einen Mixer und püriere, bis alles smooth ist. Vermische dann das Dressing gut mit dem Salat. Ich esse den Salat gerne mit Nori-Blättern und mache Wraps daraus. Diese Mahlzeit enthält so viele verschiedene Nährstoffe, dass sie ein wahres Kraftpaket ist. Sie lässt sich auch gut im Voraus zubereiten..

15 min

Nut free

Detox

Salat
40 g trockener Quinoa, gekocht
3 reife, in kleine Würfel geschnittene Tomaten
1 Bund fein gehackte Petersilie
½ bis 1 Bund Dill oder Koriander, fein gehackt
½ große Salatgurke, in kleine Würfel geschnitten
1 fein gehackte Frühlingszwiebel
2 Stangen Stangensellerie, gehackt
1 reife, in Würfel geschnittene Avocado

CARO-Dressing
1 kleine, rohe Zucchini
2 Stangen Stangensellerie
1 Bund Schnittlauch (oder Basilikum)
Saft von 1 Zitrone
1 Esslöffel Apfelessig
2 Esslöffel Kürbiskerne
80 bis 120 ml Wasser

GURKEN SALAT

1. Schneide die Gurken mit einem Gemüsehobel in feine Scheiben und stelle sie erst einmal beiseite.
2. Gib frische Kräuter in einen Food Processor und zerkleinere sie fein oder hacke sie mit einem Messer.
3. Mische die Kräuter unter die Gurken, füge nach Belieben gehackte Zwiebeln hinzu und rühre den Kokosjoghurt unter.
4. Vermische alles gut, gib eine Prise Salz und Pfeffer darüber und genieße diesen leckeren Gurkensalat! Er ist einer meiner Lieblingssalate, weil er so leicht, erfrischend und lecker ist und zu jeder Jahreszeit passt. Ich esse ihn gerne mit gedämpften oder gebackenen Kartoffeln als ausgewogene Mahlzeit, aber er ist auch superlecker als Grillbeilage oder Beilage beim Familienessen.

10 min

Nut free

Detox

1 bis 2 große Gurken
1 Bund Dill
1 Bund Schnittlauch
2 bis 3 Esslöffel Kokosjoghurt
ein bisschen Salz und Pfeffer
optional ½ fein gehackte, rote Zwiebel

RAINBOW SALAD

1. Schäle die Zucchini, Karotten und die Gurke mit einem Kartoffelschäler. Lege die Zucchini- und Karottenstiele für das Dressing beiseite. Kein Abfall – juhu!
2. Rasple die Rote Bete und den Rotkohl. Zerkleinere den Salat und die Petersilie und gib sie mit allen anderen Zutaten in eine Schüssel.
3. Für das Dressing gibst du alle Zutaten in einen Mixer und pürierst sie zu einer cremigen Soße. Es ist so lecker! Ich liebe dieses Dressing mit dem leichten Senfgeschmack. Gieße das Dressing über deinen Salat, mische alles gut durch, streue die gerösteten Sonnenblumenkerne darüber und ENJOYYYY!

15 min

Raw

Nut free

Salat
1 Zucchini
2 Karotten
½ große Salatgurke
1 Rote Bete
½ kleiner Kopf Rotkohl
eine Handvoll Brokkoli-Sprossen
2 Salatköpfe
ein Bund Petersilie

Dressing
übrig gebliebene Zucchinistängel
übrig gebliebene Karottenstängel
1 Esslöffel Dijonsenf
1 Esslöffel Tahini
1 Medjool-Dattel
1 Esslöffel Apfelessig
Saft von 1 Zitrone
120 ml Wasser

Topping
optional Sonnenblumenkerne

CLASSIC CAESAR SALAD

10 min

Raw

Detox

Salat
4 bis 6 kleine Köpfe Römersalat
2 Esslöffel trocken geröstete Sonnenblumen- und Kürbiskerne
1 Esslöffel Hanfsamen
1 reife Avocado

Dressing
1 kleine Zucchini
30 g Cashewnüsse
1 Esslöffel Apfelessig
Saft von 1 Zitrone
1 Teelöffel weiße Miso-Paste
60 ml Wasser

1. Wasche zunächst das Salatgrün. Ich mache das gerne im Voraus, denn hungrig nach Hause zu kommen und Salat waschen zu müssen, macht mir keinen Spaß!
2. Röste die Kürbis- und Sonnenblumenkerne in einer beschichteten Pfanne ein paar Minuten, bis sie goldgelb und knusprig sind. Dies lässt sich auch super im Voraus erledigen, du kannst die gerösteten Nüsse in einem Glas aufbewahren.
3. Gib alle Zutaten für das Dressing in einen Mixer und püriere sie cremig. Wenn du kein Miso findest, kannst du es weglassen, das Dressing ist dennoch köstlich!
4. Mische das Dressing unter den Salat, gib Avocado, geröstete Samen und rohe Hanfsamen (eine tolle Omega-3-Quelle) dazu – und dann heißt es nur noch GENIESSEN!

KALE CAESAR SALAD

1. Wasche und entstiele den Grünkohl und schneide ihn in kleine Stücke. Das macht ihn leichter verdaulich.
2. Wasche und entstiele die Portobello-Pilze, gib sie in eine beschichtete Pfanne zusammen mit den italienischen Kräutern und lass sie bei mittlerer Hitze 10 Minuten köcheln. Lass sie dann abkühlen und schneide sie in Streifen.
3. Gib in der Zwischenzeit alle Zutaten für das Dressing in einen Mixer, püriere sie, bis sie smooth sind, und massiere sie 1 bis 2 Minuten lang in den Grünkohl ein.
4. Gib den Grünkohl, die gebackenen Pilze, die Avocado und die Hälfte von CAROS Crackers in eine Schüssel. Ich liebe, liebe, liebe diesen Salat!

15 min

Nut free

Detox

Salat
1 bis 2 Bund Grünkohl (nur die Blätter)
6 große Portobello-Pilze
2 Esslöffel italienisches Gewürz
1 reife, gewürfelte Avocado
die Hälfte von CAROS Crackers (Rezept auf Seite 186)

Dressing
1 kleine, rohe Zucchini
30 g Sonnenblumenkerne
1 Esslöffel Dijonsenf
Saft von 1 Zitrone
1 Esslöffel Apfelessig
1 Medjool-Dattel
60 ml Wasser

FAV KALE SALAD

15 min

Nut free

Detox

Salat
3 Blätter entrappter Grünkohl
160 g Kirschtomaten
170 g gekochter Quinoa
100 g goldene Rosinen
1 Karotte

Dressing
1,5 Esslöffel Tahini
Saft von 1 Zitrone
1 Esslöffel Apfelessig
1 Esslöffel Ahornsirup

1. Koche den Quinoa laut Packungsanweisung.
2. Verrühre für das Dressing den Zitronensaft, das Tahini, den Apfelessig und den Ahornsirup mit einem Löffel. Massiere das Dressing etwa 5 Minuten lang in die Grünkohl-Blätter ein, so wird der Grünkohl leichter verdaulich.
3. Halbiere die Kirschtomaten und schneide die Karotten in feine Streifen. Ich verwende für die Karotten gerne einen Julienneschäler.
4. Mische den Grünkohl mit dem Quinoa, den Tomaten, den Karotten und den Rosinen. SO YUMMM! Der Salat ist zum Reinlegen!

SUPPEN

KARTOFFEL BROKKOLI SUPPE

30 min

Low fat

Nut free

Detox

5 mittelgroße Kartoffeln
2 Karotten
1 Brokkoli (die Röschen)
1 Lauch
3 Stängel Stangensellerie
720 ml Gemüsebrühe (oder Wasser)
2 Esslöffel italienische Gewürzmischung
optional grüne Erbsen

1. Wasche zuerst die Kartoffeln, die Karotten, den Lauch und Sellerie und schneide alles klein. Ich persönlich schäle nur die Kartoffeln und lass die Karotten ungeschält.
2. Gib das ganze Gemüse außer den Brokkoli in einen Topf und füge die Gemüsebrühe hinzu. Wasser wäre auch okay, aber Gemüsebrühe verleiht mehr Geschmack. Lass alles aufkochen und die Suppe dann bei mittlerer Hitze für 30 Minuten köcheln.
3. Füge für die letzten 10 Minuten die Brokkoliröschen hinzu. Diese brauchen kürzer, um fertig zu sein.
4. Gib dann ⅓ der Suppe in deinen Mixer und mixe so lange, bis du eine cremige Masse erhältst. Gib diese dann zurück in den Topf und verrühre alles gut miteinander. Dieser Schritt ist wichtig, denn er gibt deiner Suppe eine supercremige, zarte Konsistenz. ENJOOOY!

BLUMENKOHL KARTOFFEL SUPPE

1. Schäle und schneide die Kartoffeln, die Pastinaken, den Blumenkohl und den Lauch. Dünste alles für 25 Minuten, bis es weich ist. Du kannst den Blumenkohl und den Lauch auch etwas später in den Topf geben.
2. Gib das gesamte Gemüse bis auf ein paar Kartoffelstücke zusammen mit der Gemüsebrühe und den italienischen Kräutern in einen Mixer und püriere alles cremig.
3. Gieße die Suppe in eine Schüssel, lege die übrigen Kartoffelstücke darüber und füge die grünen Erbsen hinzu.
4. Verziere die Suppe optional mit frischem Schnittlauch oder Dill, schwarzem Pfeffer und Salz. Sooo lecker!

30 min

Low fat

Nut free

Detox

1 Kopf Blumenkohl
2 Pastinaken
3 mittelgroße Kartoffeln
1 Stange Lauch
1 Esslöffel italienische Kräuter
130 g grüne, aufgetaute Erbsen
120 ml Gemüsebrühe

GLOW SOUP

1. Schäle den Kabocha-Kürbis und die Kartoffeln und schneide sie in Würfel. Schneide dann den Sellerie, den Lauch und die Karotten und gib alles zusammen mit 1,2 l Wasser und den italienischen Kräutern in einen Topf.
2. Bring alles zum Kochen, reduziere dann die Hitze und lass alles 20 Minuten weiterköcheln.
3. Nimm etwa 250 ml des Suppenkochwassers ab und püriere die Hälfte der Suppe, um sie besonders creamy zu machen. Mmmh, das ist die einfachste und leckerste Suppe, die ich je gekocht habe! Wohltuend und nahrhaft – YUM!

30 min

Low fat

Nut free

Detox

1 ganzer Kopf Blumenkohlröschen
½ Kabocha-Kürbis
2 kleine Süßkartoffeln
3 Stängel Stangensellerie
2 kleine Möhren
1 Lauch
2 Esslöffel italienische Kräuter
1,2 l Wasser

QUINOA KÜRBIS SUPPE

30 min

Low fat

Nut free

Detox

½ Kabocha-Kürbis
2 Karotten
2 große Kartoffeln oder eine Süßkartoffel
45 g Quinoa (noch ungekocht)
2 Blätter Grünkohl ohne Stiel
1 l Gemüsebrühe oder Wasser

Optionale Gewürze
1 Teelöffel Kurkuma-Pulver
1 kleines Stück Ingwer, gerieben
1 Esslöffel gemahlener Kreuzkümmel

1. Wasche, schäle und schneide den Kürbis klein. Schneide ebenfalls die Karotten und Kartoffeln und gib alles in einen Topf. Theoretisch kannst du auch die Kürbisschale mitessen. Die Farbe der Suppe wird aber ohne die Schale schöner.
2. Gieße die Gemüsebrühe in den Topf (ich benutze aus Bequemlichkeit oft auch nur Wasser) und gib die Gewürze hinzu.
3. Lass alles bei mittlerer Hitze für ca. 30 Minuten köcheln.
4. Gib für die letzten 20 Minuten den Quinoa dazu.
5. Entnimm ⅓ der Suppe aus dem Topf und mixe sie in einem Mixer zu einer cremigen Masse. Leere diese dann anschließend zurück in den Topf, gib die Grünkohl-Blätter dazu und lass alles noch einmal für 5 Minuten köcheln.
Ich backe gerne die andere Hälfte des Kabocha-Kürbisses im Ofen, in Streifen geschnitten, und esse ihn mit der Suppe. Total lecker!

DETOX SUPPE

30 min

Low fat

Nut free

Detox

4 mittelgroße Kartoffeln
1 Kopf Blumenkohlröschen
2 bis 3 Stängel Stangensellerie
2 Zucchini
1 Lauch
2 Esslöffel italienische Kräuter
1,2 l Wasser
eine Handvoll frischer Spinat

Optionale Toppings
geröstete Champignons
ein Löffel Kokosjoghurt
frische Kräuter

1. Schäle die Kartoffeln und schneide sie in Würfel. Schneide dann den Sellerie, den Lauch und die Zucchini klein und gib sie zusammen mit dem Blumenkohl, den getrockneten italienischen Kräutern und 1,2 l Wasser in einen Topf.
2. Bring das Wasser zum Kochen, reduziere dann die Hitze und lass alles 20 Minuten lang köcheln.
3. Gib das gekochte Gemüse, 350 ml des Kochwassers und den frischen Spinat in einen Mixer und püriere alles cremig. Das restliche Kochwasser behalte ich gerne und trinke es zwischendurch, weil es soo nahrhaft und wohltuend ist!
4. Genieße die Suppe so oder gib wahlweise ein paar Extras dazu, z. B. gebratene Pilze, einen Löffel Kokosjoghurt oder frische Kräuter.

KASTANIEN PILZ SUPPE

40 min

Detox

Hormone health

250 g gemischte Pilze
2 Esslöffel italienische Kräuter
120 ml Wasser

70 g Cashewnüsse
3 bis 4 getrocknete Steinpilze
Saft von 1 Zitrone
1 Esslöffel Apfelessig

50 g Wildreis
3 mittelgroße Kartoffeln
375 ml Gemüsebrühe oder Wasser

2 Blätter Grünkohl
½ Kopf Blumenkohl- oder Brokkoli-Röschen
200 g gekochte Kastanien

1. Schneide zuerst die Pilze klein. Ich verwende hier einen Mix aus Champignons, Shiitake-Pilzen und Steinpilzen. Gib die Pilze zusammen mit den italienischen Gewürzen und 120 ml Wasser in eine Pfanne und lass alles für 15 Minuten bei mittlerer Hitze kochen, bis die Pilze weich sind.
2. In der Zwischenzeit schälst und schneidest du die Kartoffeln, weichst die Cashews in Wasser ein und schneidest den Grünkohl klein.
3. Gib die Kartoffeln, den Wildreis und die Gemüsebrühe in einen anderen Topf und lass alles bei mittlerer Hitze für 25 Minuten kochen. Füge in den letzten 10 Minuten den Blumenkohl und Grünkohl hinzu.
4. Wenn die Pilze weich sind, gib die Hälfte davon zusammen mit den eingeweichten, abgetropften Cashews und getrockneten Pilzen, mit dem Zitronensaft, dem Apfelessig und 100 g Kastanien in einen Mixer und mixe alles zu einer cremigen Masse. Füge ein bisschen von dem Pilzeinweichwasser hinzu, falls nötig.
5. Gib die Masse in den Topf mit dem Reis und den Kartoffeln, füge die restlichen Pilze und Kastanien hinzu und mische alles gut durch. Ich liiiebe dieses Rezept!

REZEPTE IN ALPHABETISCHER REIHENFOLGE

REZEPTE NACH KAPITELN

SWEETS

XMAS

SWEET BOWLS

BREAKFAST

LUNCH/DINNER

SALATE

SUPPEN

VEGAN RESET
Über 100 Rezepte für ein gesundes und glückliches Leben

Caroline Deisler

PAPERISH Verlag GmbH
Lena-Christ-Straße 2
82031 Grünwald
mail@paperish.de
www.paperish.de

GESTALTUNG
Gundi Schillinger

BILDNACHWEISE
Caroline Deisler | Rezeptbilder
Gigi Hollanders | Cover & Seiten: 4, 9, 10, 11, 12, 15, 16, 19, 20, 23, 26, 27, 28, 34, 36

LEKTORAT
der/die/das Joghurt

1. Auflage 2023, Printed in EU
ISBN 978-3-96895-035-8

WICHTIGER HINWEIS
Die Anregungen in diesem Buch stellen die Meinung beziehungsweise die Erfahrungen der Autorin dar und wurden nach bestem Wissen und Gewissen erstellt. Sie bieten jedoch keinen Ersatz für einen fachkundigen medizinischen oder ernährungswissenschaftlichen Rat. Jede Leserin, jeder Leser ist für das eigene Tun selbst verantwortlich. Weder die Autorin noch der Verlag können für eventuelle Nachteile oder Schäden, die aus den im Buch gegebenen praktischen Hinweisen resultieren, eine Haftung übernehmen.

ZUFRIEDENHEITSVERSPRECHEN

Weil unsere Kunden das Wichtigste für uns sind, haben wir ein Zufriedenheitsversprechen eingeführt. Sollten Sie einmal nicht zufrieden sein, dann zögern Sie nicht, uns Ihr Anliegen mitzuteilen.
-> mail@paperish.de

Entdecken Sie unsere Bücher auf
www.paperish.de

Hier geht's zur Website...

Klimaneutral
Druckprodukt
ClimatePartner.com/21037-2307-1001